modesto rimba

Sangra en mí

•

Liria Evangelista

Evangelista, Liria
Sangre en mí / Liria Evangelista
1a ed. - Ciudad Autónoma de Buenos Aires: Modesto Rimba, 2018.
100 p. ; 21,5 x 15 cm.

ISBN 978-987-4062-77-2

1. Ensayo Literario. I. Título.

CDD A864

m o d e s t o   r i m b a
modestorimba.com.ar
modestorimbaed@gmail.com

Fecha de catalogación: 11/07/2018

Editor: Flavia Pantanelli / Santiago Castellano

Diseño gráfico y diagramación: susi camilieri

Impreso en Argentina

... pero es tu voz que sangra en mí
en esta tarde gris...

Contursi-Mores.
En esta tarde gris (1941)

A mi madre, Lidia Elena Moschella,
la piba más linda del barrio
1-2-1930 • 3-8-2016

Sangra en mí

··

Yo quiero escribir muertos. Escribir mi madre muerta y los demás. No somos —todos, ellos, mi madre y yo— más que historias contadas hasta el infinito y vueltas a contar. Este es el páramo donde se escucha el murmullo de los ya idos. Ella habla a través de mí y me los convoca. Yo escribo su palabra que no es la que se dice. Es la palabra de silencio, de lo que nunca es lo dicho.

Pero es así, una cuestión gramatical, determinada por el uso de las preposiciones: esto que escribo es *acerca* de ella. Quiero rodearla, describirla, construirla como un objeto de saber (mi madre sería fuera de mí, un imposible). Es *sobre* ella —sobre esa carne, sobre esa piel, en el clivaje de su pecho arrugado—. Es *con* ella también, en tanto transcribo —con inexactitud, una vez más—nuestras voces que se cruzan, se confunden, se repelen. Extraño *duetto* el nuestro. A veces es un coro, las voces se van multiplicando hasta saturar el espacio y el tiempo de sonidos. Otras veces el vacío. Podemos enmudecer hasta la enfermedad. ¿Quién habla desde nosotras? ¿Qué pila de muertos nos ocupa? Escribo, entonces, *desde* ella, para saberlo.

Repaso la lista de preposiciones: a mi madre, ante mi madre, bajo mi madre, cabe mi madre, con mi madre, contra mi madre, de mi madre, desde mi madre, en mi madre, entre mi madre, hacia mi madre, hasta mi madre, para mi madre, por mi madre, según mi madre, sin mi madre, sobre mi madre, tras mi madre.

Es el espesor de su lengua lo que quise siempre, lo que quiero, la densidad de su palabra dicha —por ella y por los otros—. Todas las voces se cruzan en el eco de la palabra de mi madre. Ella es todos los muertos. Ella es todo lo que ha muerto. Literalmente lo que fue habla por su boca (y yo le doy la letra).

El lenguaje es mi casa embrujada.

¿Qué no será escrito bajo la mirada de mi madre? La escribo, la espío. Voy filmándola con una cámara chiquita, que ella no puede ver. Porque ella, la dueña de la mirada amplia y luminosa de mi infancia, la que tuvo los ojos entrecerrados en el destello barroso de nuestra guerra sangrienta: ella, en una sola noche perdió un ojo. Se hizo cíclope. Desde entonces su ojo me vigila y le viene dando forma a mis años. Nada de esto es piadoso, ni para ella, ni para mí. El tiempo hace cosas con nosotras.

Ella sabe todo de mí. Que la miro, que le reviso los cajones, que me disfrazo de ella y me pongo su perfume. Me gusta mirar cómo se viste, pantalones Oxford, blusa negra de plumetí a lunares. Una madre que no se viste de madre.

Mientras escribo ella está ahora mismo sentándose en el bidet, abriendo las piernas al chorro frío. *Lilita, que nunca te huela la bombacha.* Ahora es mi turno de sentarme sobre el chorro helado. *Sticchio lordo*, me dice. Y se ríe.

Corro la cortina de la ducha para ver cómo se enjabona. Lo único que sé es que cuando crezca quiero ser tan linda como ella (*vos vas a ser tan linda como mamita, ya vas a ver*). Tiene un culo tan lindo, mi mamá. Unos ojos tan hermosos.

Perdida en ese amor, mamá, todavía no sé cuánto voy a odiarte. Que hasta voy a pegarte algún día, a mentirte. A querer destrozarte con mi furia. No me imagino ese futuro feroz porque no hay manera, ante la maravilla de tu cuerpo, de imaginarme restregándome la piel para limpiarte de mi carne. Lo que no sé, envuelta en la cortina de plástico del baño, es que vas a volver siempre y que ese baile de las dos se va a hacer más sutil con los años. Tendremos nuestras escenas salvajes, tendremos nuestros aullidos, nuestras puteadas enloquecidas. Tendremos nuestras escenas de amor: confesiones entre murmullos, mi mano acariciando tu mano que agoniza, mi voz desafinada cantándote el valsecito del adiós. Nuestra escena final: tu cajón deslizándose en la plancha de metal rumbo al crematorio. Después las cenizas.

Aún tratando de ocultarme de tu mirada (porque ¿qué otra manera tuve de ser en este mundo?), desde cada uno de mis escondites te fui viendo. Hasta miré tu vejez—y mi desolación—,con los ojos bien abiertos. Tantas veces quise obligarte a la ausencia, pero siempre volvías, siempre volvés. Y te vi envejecer. Te vi morir, aunque no recuerdo si besé tu cara muerta. Sí recuerdo haber apoyado mi nariz en el hueco de tu cuello, del lado del lunar. Todavía estabas tibia, y la carne era suave. Tu aroma iba perdiendo intensidad y sin embargo no había nada más intenso que tu olor. Y la caricia, la herida poderosa de tu mirada. *Il tuo sguardo, mamma.*

Vos ibas a ser mi libro absoluto. Tenías que ser este, mi libro imposible. Vos, que fuiste el cuerpo que sostuvo mi vuelo (tenías la luna en Piscis. Venías al mundo para volar así, sobre mi cielo).

¿Querés que te diga la verdad? A mí me dolió mucho mi vida. Yo lavo los platos, las manos en el agua tibia y espumosa, siempre de espaldas a su ojo ciego. Su voz es la casa del dolor, y se me posa en el hombro. Como paloma o como buitre. El agua sombría es pena de desagüe.

Pero mi vida, mi vida, si yo me pongo a pensar—y me pongo a pensar, vos no sabés todo lo que yo pienso, Lilita— me digo, ¿cuándo fui feliz yo? ¿Cuándo?

Y si después me fui recuperando fue porque vos te hiciste grande, fuiste a estudiar, me dedicaba a vos. Vivía mi madre, estaban mis hermanas... era un barullo la cabeza. Y yo seguía andando, como un muñeco, andaba. Después cuando papá murió, murió la abuela, murió el abuelo, se me hizo como una pared allí. Yo allá y los demás aquí, sin pensar nada, vivía como hueca. Y así pasó la vida, Lilí... pero yo no sabía que las cosas eran así. Y nada puedo hacer.

Yo no sé qué se hace con la desdicha de la madre, dónde se guarda esa voz que te habla del fracaso. ¿Dejarla ir con el agua sucia de los platos? ¿Tirarla a la basura?

Pero yo no sabía que las cosas eran así. Nadie sabe al final cómo son las cosas.

Ella es eso frágil, cuerpo o aire, lo que viene a morir como pájaro en su jaula. *Vivía como hueca, sin pensar en nada.*

Su voz me trae el calor de aquel verano, el sol rompiendo las baldosas del patio. Me alertó el silencio de los canarios. En la jaula estaban muertos, las patitas calcinadas en el resplandor naranja de la tarde, secos y duros como piedras. A ella no le negaré la sombra. Desde esa misma tarde le estoy esperando la muerte.

Cuando constaté que las várices eran cada vez más negras y dolorosas, cuando el glaucoma le reventó el ojo izquierdo, cuando sobrevino la sordera, cuando nada podía esconder los olvidos (el llamado desesperado: *no sé dónde dejé el monedero, perdí las llaves, ya no puedo encontrar nada, Lilita*), le decreté a ella la vejez y a mí el espanto. Como en el tango de Mauré que tanto le gustaba, *fueron tres años* desde ese momento hasta su muerte. Empecé a grabarla, a filmarla, a dejar registro de su voz, de sus gestos, de su mano acariciándome un pie, una tarde de verano. La tuve prisionera de mi mirada. Me impuse ser su madre. Le ordené la vida con el rigor de una guardiana: me llamás apenas te despertás, no salís sin avisarme, me llamás cuando volvés, no tomás nunca más un colectivo. Ni ella, en los momentos más salvajes de mi adolescencia, se había atrevido a tanto. La volví niña. La llevé de la mano como a una hijita, como a esa muñequita que yo también había sido para ella. Repliqué nuestras antiguas caminatas: yo con mi delantalcito a cuadros, el chupete en la mano, los rulos en un moño blanco. Ahora era su turno: mi chiquita, preciosa, insoportable, dulce mamá. Iba a obligarte a caminar de mi mano hasta tu muerte.

Como pude, quise desde entonces conjurar el terror que me producía la experiencia real de su finitud. Mi madre inmensa, odiada, amada, todopoderosa, vulnerable, mi madre de belleza sin igual, mi madre de puntillas y perlitas, mi madre que era la boca atroz que me engullía y el cuerpo generoso para mis alas, iba a desintegrarse en la vejez, iba a morirse, iba a dejarme. A mí, a su Lilita.

Yo ya le había escrito la muerte: la única diferencia fue la cama alquilada que pusimos en el comedor para que muriera rodeada por todas sus cosas, con un colchón antiescaras para que no se ampollaran la espalda y el culo. En su pieza quedó su cama vacía, el cubrecama blanco con voladitos y moños y las mesas de luz llenas de estampitas de santos y fotos. En la cabecera el crucifijo inmenso que hoy está frente a mí, colgado de la biblioteca como una enredadera, y sobre la cama mi oso de peluche vestido de fiesta con la ropa de sus nietos y un pañuelo de seda en el cuello. Crochet, flores de plástico. Cuando murió, mi madre estaba hecha de diminutivos.

PRIMERA PARTE

Los ojos de Libertad Lamarque

Mi madre vive en una casa de muñecas. En las paredes conviven espejos que reflejan casas que quedaron vacías hace tiempo y retratos en sepia y en blanco y negro. Son las fotos de los demás, de los que están muertos: mi nona es gorda y tiene una pluma en el sombrero. Mi nono, recién llegado a Buenos Aires, mira a la cámara con el monumento a San Martín de fondo. Mucho más joven aún, custodia con sus armas un cuartel italiano en la guerra del '14. En un marco, la fotocopia de una foto. No sé dónde se esconde el original: una noche de 1965 ríen cuatro hermanos que a veces se querían y casi siempre no. Mi mamá tiene un vestido floreado y el pelo corto y ondeado. La foto replica una tarde de 1936 en la que el moño de mi madre cubre la cara de los cuatro y el paredón de una casa en Villa Pueyrredón. Las fotos en colores están debajo de los cristales de las mesas y corresponden a los que aún no estamos muertos: mi hermano, mi sobrino, mis hijos, yo misma. Aunque yo también tengo un lugar entre las fotos de la pared, en blanco y negro. Estoy tan linda y joven que es como si ya no existiera. Cuando voy a visitar a mamita, me paro en el comedor, y me paso un rato largo mirando la foto, como si mirara con pena a una pariente muerta.

En esa casa hay plantas, tacitas de porcelana, moños de raso, y la voz de mi mamá cantando *madreselvas en flor que me vieron nacer*. Es casa de mujer sola, de noviecita adolescente, de virgencita anciana. En esa casa en la que su ojo ciego domina el espacio, las persianas están siempre bajas para que el sol se cuele entre las hendijas y no le seque las plantas ni le haga brillar las arrugas. Ahí tiene una pieza chiquita, con una cama que yo le regalé, con acolchado blanco de tul y una cinta rosa que pespuntea los bordes. Tiene alhajeros con baratijas y cadenitas de oro falso. Mi mamá no tiene joyas, pero tiene un crucifijo con un rosario de madera colgado en la cabecera de su cama. *Era de tu nona*, me recuerda cada vez. Y eso le basta. *Cuando me muera todo lo que tengo será tuyo*, me dice. Yo asiento, me emociono, le agradezco el rosario y las tacitas de porcelana que ya no usa. ¿No me estará dando todo lo que tiene porque mi mamá, en realidad, ya hace tiempo que no tiene nada?

Mami yo te quiero tanto que no se como explicartelo mamita vos sabes que yo te quiero! pero lo que quiero saber si vos me queres. Yo se que vos me diste la salud mamita te pido que me contestes! Adios tu hija que tanto te quieru chau Lilí te manda esta carta contestame en un renglon o al lado lilí

Mi dulce Lilí te quiero tanto que no hay palabras para decírtelo. Tu mamita que te adora Elena

Mamita, es verdad, no sé cómo explicártelo. Yo, tu dulce Lilí, aunque no quiero pensar en el momento de tu muerte, no pienso más que en eso. La imagino, la supongo, la invento.

Por ejemplo:

Mi pobrecita madre (casi ciega) es atropellada por un auto, y su cuerpo queda tendido cerca del cordón, como el de un pajarito seco. (así no, que ya tuve. Mi padre se calcinó en el sol navideño, tirado en la banquina de una ruta).

Mi pobrecita madre (casi ciega) tiene el olor agrio del sarcoma, en la boca la pesadez de la morfina. Agoniza en un estertor, como sus hermanas cancerosas. Mamita querida, les limpiaste el meo, les pusiste talquito, les cerraste los ojos. ¿Podrá tu hijita que tanto te quiere, repetir tus gestos? ¿Trajinar sobre tu cuerpecito exánime? Vos me diste la salud, mamita. ¿Y yo? ¿Algo te di? ¿Cuál será mi parte en este juego?

La carta está escrita sobre una hoja pentagramada arrancada de un cuaderno Istonio. Ninguna de las dos corresponsales—ni Lilí ni Elena— la fecharon. Supongo que ninguna de las dos imaginó que esa carta sería, alguna vez, un documento que los años le arrancarían a la eternidad del presente amoroso en el que tuvo lugar el intercambio. Tengo ante mí una copia escaneada del original descolorido, escrito en plumín y tinta china negra que encontré en una de las cajas en las que mi madre guardaba mis fotos y nuestra correspondencia. Soy Lilí, la niña que escribe con una caligrafía inestable, oscilante y sin acentos. Soy la niña que demanda amor y que ordena constancia escrita de ese amor.

Elena, la que escribe y firma la respuesta con la letra redonda que tuvo casi hasta el final es —o fue— mi madre.

Como dije, la carta no tiene fecha, pero hay varias pistas que me permiten adivinar cuándo fue escrita. Una serie de indicios:

Mi aprendizaje de la escritura comenzó antes de primer grado del primario, pero floreció ese año, en 1967.

En primer grado tuve unas paperas horribles. La convalescencia parecía eterna —sobre todo para papá, que nunca soportó demasiado ni mis demandas ni mis caprichos ni mis locuras de nena sensible—. No encontraron, mis padres, mejor instrumento para cerrarme la boca que regalarme los doce tomos del *Lo Sé Todo*, de editorial Larousse. El *Lo Sé Todo* hizo de mí una lectora voraz y sobre todo precoz, fascinada por las historias de la mitología griega que presentaba cada uno de los doce tomos. Fue entonces cuando tomé la decisión de convertirme en Musa. Me parecía más sencillo transformarme en Terpsícore, la musa de la música. Fue entonces —en algún momento de 1967—cuando tuvo lugar la primera guerra de guerrillas que libré para enloquecer a mi madre y hacer que cumpliera mi voluntad. Terpsícore debía aprender a tocar un instrumento y yo, musa absoluta, había elegido para mí el piano.

En cambio, mi educación literaria y poética comenzó a desarrollarse dos años más tarde, escribiendo poesías junto con mi compañera de primaria después del colegio. Mi escritura se iba a fortalecer después de haber leído Robin Hood y llorado cuando muere Lady Marian. Me enfermé de dolor en la escena en la que Robin le pide al Pequeño Juan que lo mate porque no soporta tanto sufrimiento. Supe, entonces, que de ahí en más —y durante toda mi vida— la escritura conjuraría la pérdida y el sufrimiento. Sería un talismán contra la muerte.

Escribirte la muerte sería mi conjuro para que nunca sucediera. Y así la imaginé: voy entrar a tu casa preocupada por tu silencio largo, usando la llave que me diste. La puerta del departamento está trabada desde adentro (te puteo, mil veces te dije que así no). El portero me va a ayudar a abrirla y ni va a esperar el ascensor, va a bajar las escaleras corriendo, como si adivinara lo que va a pasar. Y no va a pasar nada. ¿Qué puede pasar? Mamá, voy a decir. Lo voy a repetir muy bajo, hasta que esa palabra se pierda para siempre. No vas a contestarme y yo voy a saber que ahora, así, llegó el momento y yo estoy sola para ver cómo sos muerta, cómo sos cuando te digo mamá y estás tan muerta que dejaste de serlo. No grito. No lloro. El dolor es un animal silencioso. Recuerdo cuando me dijiste que papá había muerto, el golpe seco a la altura de los pies, como si tanto espanto pudiera talarle las raíces a la gente. Ahora es distinto. Ahora es nada.

Voy a ir a tu encuentro sin miedo, con los ojos bien abiertos, respirando profundo para conocerle el perfume a tu muerte. Y ahí estás vos, las manos agarradas de los pliegues de la colcha de tul, que no llega a cubrir las puntillas del camisón celeste. Tenés el perfil quieto de una desconocida, iluminado por el resplandor tenue que pasa por las hendijas de la persiana. Lo único que se me ocurre es arrodillarme al lado de la cama, acariciarte la mano fría y cantarte.

Tengo una muñeca / vestida de azul / con su camisita / y su canesú / la saqué a paseo / se me resfrió / la tengo en la cama / con mucho dolor. / Esta mañanita / me dijo el doctor / que le dé jarabe / con un tenedor. / Dos y dos son cuatro, / cuatro y dos son seis , / seis y dos son ocho / y ocho dieciséis. / Y ocho, veinticuatro / y ocho, treinta y dos. / Ánimas benditas, / me arrodillo yo.

Eso cantabas cuando me ibas a buscar al jardín de infantes de la señorita Angélica. Vos y yo de la mano, doblando por Mariano Acha. Linda eras, y joven. Y yo tenía un delantal celeste a cuadritos —como tu camisón, pienso—, un paquete de Sugus rojos en una mano y en la otra el chupete que me traías a escondidas.

Mi madre averiguó en el barrio y encontró una profesora a una cuadra de casa, en el Pasaje del Temple al 2600, a una cuadra exacta de mi casa. Solo había que cruzar el empedrado de Gamarra. Empecé a estudiar piano con la Señorita María Rosa antes de empezar segundo grado y de que me dejaran cruzar la calle sola. La lista de útiles de estudio, desde la primera clase, consistía en los libros para primer año de piano —ciclo introductorio— del conservatorio Fracassi, el libro de solfeo y un cuaderno *Istonio* que había que llevar obligatoriamente. Yo adoraba dibujar las siete claves y tenía una especial pasión por corcheas y semi-corcheas. Las hojas pentagramadas, que para mí representaban la expresión máxima de la creación. Todo lo importante de mi vida a partir de allí y por un tiempo, debía ser comunicado utilizando ese medio.

Fue casi a finales del 68 que la Señorita María Rosa decidió que era momento de dar mi primer examen de Conservatorio. Para aprobar había que hacer un resumen de todo lo estudiado en el *Aleph* de todos los *Istonios*, el de tapa dura y 100 hojas. Las notas, las claves, la duración, los acordes. Debía, además, escribirlo en letra perfecta, en plumín y tinta china. Recuerdo mi felicidad, recuerdo el tacto del cartón duro de la tapa y el roce de las hojas. Recuerdo haber arrancado con prolijidad y deseo irrefrenable la última hoja del cuaderno. Recuerdo haberme asegurado de no dejar rastro. Recuerdo el frasquito de tinta china, el tapón de goma, el olor. Recuerdo la dificultad del plumín y las manchas en los dedos. Fecha probable, fines de noviembre o principio diciembre de 1968, antes del examen final en el Conservatorio, que tuvo lugar unos días antes de la Navidad.

Dejé la carta sobre la mesa de fórmica blanca de la cocina. El sol hacía estallar las paredes amarillas. Mamá estaba parada frente a la pileta. Ahí está su perfil joven, pero sobre todo está su voz cantando una canción de Leonardo Favio. Le digo "esto es para vos" y salgo corriendo, con los dedos manchados de tinta. El arbolito de la Navidad del 68 tuvo dos discos de Favio, todos cantábamos *Fuiste mía un Verano*. A mí la que más me gustaba era *El Clavel y la Rosa*.

Ese fue el origen de mi primera carta de amor: a mamita. Los hombres— el mundo, todo, absolutamente todo— vendría después.

Y así tuve una muerte para vos, mamita que me diste la salud. La que más me gustó desde siempre: esa en la que estabas dormida en tu casa de muñecas.

Con vos y para vos, fui dueña —por única vez—de un saber misterioso. Pude decirlo, a lo mejor, tanto tiempo antes, porque tu gramática ya se había hecho parte de mi lengua. Tu mirada, mi sintaxis. Digo, el único orden aceptable para el mundo.

—¿*Che, y este novio era el que cantaba con la guitarra? ¿Cuál era el que cantaba? ¿Antonio?*

—*No, Antonio no. Era Mingo, el de enfrente... que tenía la guitarra, cantaba y me había hecho un vals...Todos murieron.*

—*Valsecitos...cantábamos... Rosa de Otoño, cantábamos... no me acuerdo ahora... la tarde en que tus ojos vi.... no me sale...* —*cierra los ojos*—. *Se me fue de la memoria, tengo que memorizar.*

—*Me cantaba "A unos ojos... tus ojos... que contemplo con delicia tienen la suavidad del agua en calma y la mirada que enamora", ay no me sale, no me acuerdo, y la voz.... pero de ese me acuerdo...hace poco lo pasaron.*

—*Son viejos esos...*

—*Sí, son viejísimos.*

Como ella, así de viejos son los valses que no recuerda. La llevo a mi ginecóloga (*Lilita, tengo una dureza en la teta. ¿No será un tumor?*). Llevo al flebólogo a mi rosa de otoño (*Lilita, ¿y si ya no puedo caminar más?*). Durante cuarenta años sostuvo, convencida, que padecía de flebitis. Sus várices son inmensas, como fósiles yertos. El médico la revisa. Las arterias perfectas: medicación, frío, caminatas. Esto no es flebitis. Ella lo mira horrorizada: ¿una pierna flebítica que solo resultó varicosa? ¿Qué hará ella sin su tumor? ¿Sin su flebitis? Me río. Ella también se ríe. No le digo que lo único que hay es su cuerpo anciano, materia que todavía sobrevive. Con sus várices, su angioma en el brazo, su artrosis, sus ojos ciegos. Esos ojos. Por esos ojos habrá que ocuparse de su melancolía, de sus ausencias, de sus olvidos, de sus obsesiones. Camino con ella del brazo y me digo que habrá que navegarle las sombras. Me aprieta fuerte y me dice: *ojalá cuando fuimos al médico con la otra le hubiera dicho que no era nada, que no era un cáncer, que no iba a morirse como se murió.*

"La otra" es Aurora. Su hermana más amada, la más odiada. No hay caso, mi rosa de otoño se desmigaja en el mundo de los muertos. Una parte de ella se mece en el umbral que nos separa (*pero ¿por cuánto tiempo? ¿Cuánto?*).

Es que vos tenías que enterrarlos a todos, le digo. Se sonríe y sigue caminando. Soy yo la que la mueve, es mi movimiento el que la impulsa.

(*La madre ha perdido su cuerpo. Lo que aparece en escena es solamente su cabeza: no hay más realidad que esa cabeza inmensa, en cuyo centro se mueve como un animal una boca monstruosa de medusa. La hija teme y odia esa boca que vomita las palabras oscuras del terror, del resentimiento, de la posesión vigilante, de la culpa. Frente a esa desmesura, la hija aparece a veces como una sombra, otras como insecto mínimo y aleteante, otras más como una guerrera harapienta que en su delirio de libertad manotea lo que puede, cualquier arma será suficiente para infligirse las heridas, para matarse adentro la culpa que quema como ácido, que le come las entrañas como una sanguijuela. Más de una vez la hija ha sido succionada, y a punto de morir, logró el escupitajo que la devolviera maltrecha a la lucha. ¿Y si un día la boca pudiera devorarla? ¿La envolviera en su baba para hacer de ella un bocadito de carne y devolverla a la oscuridad de su carne?*).

Boca: Yo siempre voy a saber todo de vos. Siempre se sabe cuando una chica coge. Es una marca que tiene en las caderas. Una madre siempre sabe. Y yo siempre sé. A cada chica la miro y me digo: por aquí pasó el amor.

(*La hija aparece con el cuerpo cubierto por una prenda enorme que la desfigura*).

Boca: Te veo igual aunque te tapes, porque mis ojos lo ven todo. Cogiste. Cogiste, estuviste con un hombre. Seguro que te dejaste hacer de todo. ¿Y te gustó? ¿A vos eso te gustó? Me vas a matar. A mí, a tu madre, vas a matar. Yo quiero que vuelvas a ser la nena dulce que fuiste, no esta puta. Quiero que vuelvas a ser mi Lilita. Mi nena, mi nenita.

Hija: Cogí, sí. ¿Qué carajo te importa? (*esconde la culpa como si fuera un objeto robado y se saca una a una las prendas. Desnuda grita*). Y me gustó. Me gustó mucho. Es mi cuerpo. ¿Querés que te cuente todo lo que me hicieron? ¿Todo lo que me dejé hacer? ¿Y lo que hice? Por qué no te morís y me dejás tranquila. Morite, vieja de mierda. Morite.

(*La hija agarra a la cabeza de los pelos. La cabeza se retuerce y es la voz de la madre la que grita. Quiere matarla, pero la madre no se muere. La boca de la madre le arranca la piel de las manos a tarascones. Es una víbora enloquecida. Podrían deshacerse, aniquilarse en su odio hasta quemarse. Pero hay límites: después de todo la hija es la perla de su útero, su joya más preciada, y mamita es la dueña absoluta del oro de la culpa*).

Boca: Puta, mi nena es una puta. Yo te mato. Yo, que te parí, te mato. ¿Entendiste? Acordate bien: yo te cagué, yo te mato (*la hija nunca lo olvidará: ley de madre*).

(*La lucha es siempre desigual. Cuerpo a cuerpo. La hija agarra de los cabellos a la cabeza de su madre, ciega de furia la arrastra por el suelo. Se escucha el crujir del cuero cabelludo sobre el cráneo. La boca aullará su dolor cuando la hija la lastime. Los gritos ensordecen, es un estruendo que vuelve silencioso al universo. Son ellas dos combatiendo. Son fieras. Al grito le seguirá indefectiblemente el llanto. Un plañir: el arma más eficaz*).

Boca: Mi nena (*solloza*). Yo quiero que seas linda como mamita. Yo quiero que vuelvas a ser la nena dulce de tu infancia. Nadie te va a querer como mamá, Lilita. Ni a cuidar como mamá. Vos sos mi nena. Vos vas a ser mi nena para siempre.

(*La hija escribirá su culpa en cartas que mentirán mamita yo te quiero. En esa mentira la negará mil veces, la matará mil veces, hasta quedarse sola en la escena oscura con una muñeca de porcelana entre las manos. Vemos cómo la hija la observa, la mueve, la tira al piso para pisotearla. Nadie escuchará el ruido de la muñeca al romperse. Nadie verá a esa hija buscar a tientas los fragmentos de su madre, las astillas mínimas, todo lo que fuera ella, para armarse un cuerpo y poder acunarlo en sus rodillas. Pasarán los años. La hija vieja volverá a ser la nena dulce de la infancia*).

Hija (*mirando a una audiencia invisible, mirando a lo que anida en la oscuridad de la sala*): Lengua bárbara, lengua partida, aborrecida, temida. Lengua criminal. Todo esto fue amor. Será amor: (nunca otra cosa) madre.

(*Las dos mujeres, madre e hija, están paradas sobre un mar de algodones mancha-dos de sangre: roja, negra, brillante, oscura. Sangre sepia largamente seca, coágulos de diferentes tamaños que indistintamente pudieron pertenecer a alguna de las mujeres. Excepto cinco, en los que anidan pequeños fetos dormidos. La hija sabe que ellos son los hermanitos que no fueron. Durante la conversación los acaricia con cariño. Sabe, también, que sin esas muertecitas, ella no existiría. Ella fue el feto que su madre cobijó, inmóvil, para que no fuera carne de derrame*).

—*Yo me hice señorita el 12 de marzo... ¿o febrero fue? Sí, del 41. Cuando me indispuse por primera vez se casaba Leonilda.*
—*Ma, ¿vos te acordás de la fecha cuando te indispusiste?*
—*Yo sí, porque para mí era una cosa... que lo supiera mi papá, me daba una vergüenza... Yo se lo dije a la tía Chon, la tía Chon me enseñó... cómo ponerme el pañalcito... me enseñó todo... yo me puse a llorar... sos estúpida ¿por que llorás? Yo no quería ir al colegio, tomá... andá al colegio... y ella me puso así... porque la nona nos hacía el pañito así con un elástico que venía así y traía un botón y el pañalcito traía el ojal, y lo agarrábamos ahí.*
—*¿Y te dolía?*
—*Me dolía la panza... yo siempre sufrí de dolor de panza...*
—*¿Y no se lo dijiste a tu mamá, a la nona... No le habías dicho?*
—*No... La nona después habló conmigo, cómo me tenía que cuidar, pero yo le dije* —*y pone voz de seria*—, *ya Aurora me lo dijo...* —*se ríe.*
— *¿Y ella qué te dijo?*
—*Nada.*
— *¿El nono no se enteró? ¿Al nono no le dijiste nada?* —*no escucha, tengo que repetir.*
— *No... a mí me daba vergüenza, ehhh* —*se ríe, como una niña.*
Cuando yo me indispuse, a los once —como ella— estaba esperando

....
30

loca de ansiedad la bombacha manchada de sangre. Ya sabía lo que le pasaba a las nenas. Sabía, también, que el día que me hiciera señorita iba a tener las tetas que tanto le envidiaba a mi amiga Graciela, y que al fin iba a poder usar corpiño como ella. Sabía que se iba a terminar ese cosquilleo que hacía un tiempo tenía entre las piernas, esa mezcla de picazón insoportable y placer que me obligaba a tocarme sin que nadie se diera cuenta o a cruzar las piernas con fuerza para que el roce me sacudiera de placer.

Aparecen rastros de escritura niña. Es un cuaderno de plástico blanco y rosa chicle, con letras rojas enormes, el borde negro y un corazón sobre la *i*: *Mi Diario*. Leo como si esa letra prolija, ese léxico de niña monstruo no me hubieran pertenecido nunca. Leo con ojos extranjeros ese resto de infancia:

19 de abril de 1972
Últimamente yo no me siento nada, nada bien, porque tengo unos estados depresivos sorprendentes Ayer en el colegio yo tenía muchas ganas de llorar y se me escapó una lágrima. Solo Estela, Graciela y Gladys se dieron cuenta. Cuando me preguntaron por qué lloraba, yo les di una excusa muy vaga. Cuando yo llegué a casa me puse a llorar y mamá me preguntó por qué. Yo le dije que no sabía, que tenía muchas ganas de llorar y cosquillas en el sticchio. Entonces me explicó que el ponerse triste se llama congoja y que se puede producir por una afección al hígado o porque me voy a hacer señorita muy pronto.

No recuerdo que me haya dolido la panza, la primera vez. Pero después siempre, horribles dolores, calambres tormentosos, coágulos burbujeantes, menstruaciones como tsunamis.

—*¿Vos te acordás de cuando me estaba por venir?*
—*Venías llorando sin saber por qué y yo te había explicado lo que era hacerse señorita. Ojalá tu nona hubiera hecho eso conmigo. Que ese llanto se llamaba congoja. Y que cuando te viniera te iba a doler la panza. Te lo había explicado todo, hasta esas cosquillas que te daban en el sticchio. Campanario, les decíamos, Lilita.*

....
31

¿Te acordás vos de eso? —nos reímos—. Esa sensación de que te sonaban un montón de campanas...

—Y cuando te vino estabas tan feliz. Viniste con la bombacha blanca a mostrarme la mancha. No quisiste que la lavara, lo esperaste a papá para mostrársela. Y después le contaste a todo el mundo, hasta a don Pascual, el carnicero del mercado de Triunvirato. Vos eras loca, dios mío.

Yo fui loca porque tenía un campanario tocando a rebato, desde el *sticchio* al bajo vientre, anunciando calenturas, hombres, masturbaciones frenéticas, orgasmos. De tu placer, mamá, no quise saber nunca (*es que yo nunca fui muy sexual, Lilita. A mí me daba mucha vergüenza, hasta después de mucho tiempo de casados. Y eso de besuquearse tampoco*). Alguna vez imaginé —y escribí— los embates de papá en tu grupa, imaginé esa misma vergüenza, el abandono. A veces había olores en tu cama, algún secreto pegado a las sábanas. Cuando ya no estuvo papá, solo tu perfume. Aquí debería cerrar los ojos, taparme los oídos. Si quisiera, ahora podría convocar tus orgasmos (¿tímidos, silenciosos, reales?, ¿fingidos?), tu piel traspirada, el camisón de nylon por encima de tus tetas, pegado al cuerpo. Debería haberlo sabido, pero no quise. A lo mejor es esta muerte tuya la que habilita la pregunta: ¿cómo gozarías, madre? ¿Cómo gocé y gozo yo, tu hija?

—A mí se me fue a los 48, una hemorragia que me manchó toda caminando por Plaza Flores, y después nunca más. Ni un calor, ni una molestia, no como la tía Leti que reventaba de calores o la tía Chon, que se le fue a los 39, como a tu nona, y que vivió tomando hormonas. Concha seca, le decíamos, ¿no te acordás? Vos en cambio fuiste la que más tardó. Pobrecita Lili, cómo sufriste. ¿Pero viste que al final todo vuelve a su lugar? ¿Te acordás cuando llorabas porque estabas gorda, toda hinchada, y con esos calores asesinos? ¿Qué te decía mamita? Cada década se lleva algo. Una se lleva el culo, la otra las tetas, otra se lleva la suavidad de la piel. Pero igual podés ser bella. Mirame a mí, qué vieja estoy y qué linda.

¿Qué se llevarán de mí los años? Todavía hay resto por vivir. No sé. Quiero —y no quiero—saber de tu goce, del mío. De tu sangre, de la mía. Quiero saberlo todo, ignorarlo todo.

(*Las dos mujeres —madre e hija— envejecen eternamente en un campo rojo de algodón, los úteros apenas dos piedritas espejadas, la sangre burbujeante que alguna vez fueron cada vez más seca, esa sangre, cada vez más oscura).*

SEGUNDA PARTE

Aquello que quiso el corazón

Delirio

La veré morir. Pero antes, la vi enloquecer. El léxico de la locura, la poética de la demencia senil: resonancia magnética, olvidos, desorientación, isquemia, deterioro de base, haloperidol. Deterioro funcional: risperidona. Ella alucina: me cuenta, feliz, que sigue un caminito de plata para entrar en la televisión. Estará muerta en tres meses, derrumbada en su demencia. (Después de su muerte vamos a encontrar las huellas: bolsitas con basura en los cajones, en los placares, en los rincones a los que nunca llegó mi ojo vigilante. Una libretita en la que mi madre iba anotando, con letra cada vez más ilegible *Lilí es mi hija, Lilí es profesora, el teléfono de Lilí es. Mis nietos son. Mi hijo se llama. Mi hijo es abogado. Soy Elena.*)

La veré morir. No todavía, pero aquí, en la cola de la carnicería, en el mercado de mi barrio, tengo la certeza de que la veré morir. Miro los pedazos de carne, rojos, quietos como niños cansados. ¿Va a ser así el cuerpo de mi madre? ¿Una cosa infantil, sanguinolenta, helada? ¿Se volverá feto como mis hermanitos muertos? ¿Un pedazo de carne habitada por lo que yo no conozco?

Su voz verdadera se va a alejando como una melodía. Hay un hueco de silencio en su decir. En ella empieza a hablar otra, alguien que no conozco pero que también trae una voz que le fue verdadera ¿antes de mí? (delira, caliente y excitada como una adolescente. Es su voz, una voz que podía suponerle, pero que nunca le había escuchado). *Frontalizada*, dice la psiquiatra.

Mi madre se pierde en mi casa, en su casa. Se mea. Se desnuda. Como un pajarito la sostengo, le abro las piernas, le limpo el meo. Llamamos a los pañales, *bombachitas*. Ella busca su belleza perdida mientras yo le limpio el culo, la entalco, la perfumo. ¿A qué intercambio me obligo? ¿La deuda impagable será, finalmente, el amor? ¿Podrá la muerte extinguir la deuda? ¿O siempre quedará ese resto que me obligue? (Todavía no puedo saber que dos meses después de su muerte voy a soñar que en el cementerio me devuelven sus cenizas. Cuando las llevo a su casa, constato sin asombro que no murió y que no va a morir nunca. Me está esperando para decirme: *tengo que devolverte todo*).

La veré morir. Nunca voy a saber con certeza qué hacer con los pedazos de mi madre. Me los voy acomodando entre las manos. Los sostengo con cuidado para que no se caigan, un delicado equilibrio para que la carne de mi vieja me sobreviva en las palmas. La escucho. ¿Cuál será de todas su voz verdadera? Un cristal se le rompió en la lengua. Un día me mete en su cama y me dice su verdad de loca, su último delirio: *vos sos solamente de mamá. No sos de nadie más. De mamá, Lilita. La nena de mamá*. Después de eso ya no querrá caminar más. ¿Tendremos algún lugar a dónde ir que no sea la muerte?

Ella está en el hospital, en la sala de guardia, rodeada de viejos que gritan, que babean, que llaman a la muerte y le dicen: vení. Vení. Hijos como yo, que lloran, que se cansan de ser hijos de casi muertos, de nunca muertos del todo, en una vejez que se alarga, agónica, atroz.

Soy la madre de mi madre. Así me dice ella, en esa otra lengua de cuando aún no era: *mamma*. No encuentro dónde anclar, el corazón a la deriva. Habla en tercera persona de mí conmigo. Quién soy, le pregunto. *Carmela, la mia mamma. La mia figlia e Lilí. Lilita, ¿dove sei?* Una desconocida nos mira y me dice "tiene suerte de tenerte". Ser una hija madre. Será eso lo que llaman suerte.

Nos acercamos a la cama los dos, mi hermano y yo. Náufragos de madre, nos agarramos de la baranda de la cama para no caer en el espanto (¿cómo se mira morir a una madre? ¿Con qué ojo cada hijo mira morir a su madre —esa que no es del otro, sino suya—, en qué idioma le habla de su historia? ¿En qué lengua un hijo le habla a la muerte de su madre?). Ella parece dormir, pero su único ojo nos vigila. *Quién soy, mamá.* Pregunta mi hermano la pregunta que solo ella puede responder (quién es uno, al final. Quién es uno). *Mi nene, Charito.*
Y yo, mamá, quién soy. Me hundo en su silencio. *Quién soy*, le repito. Me sonríe.
Me mira con ojos que ya están ciegos, duda, ¿no sabe quién soy? *Tu sei una bella ragazza.* Repito, en esa otra lengua de cuando yo tampoco era, en ese palpitar agónico: *io sono Lilí. Mamma, io sono la tua bella ragazza.* Entonces me inclino para olerla. Ella es toda carne perfumada de hospital, de infancia, de orín. Debajo de ese aroma, su carne espesa, conocida.

(Entonces me siento al lado del dolor y lo tomo de las manos. Ay dolor, le digo, ay dolor. Te voy a lamer los dedos, te los voy a morder con la cabeza apoyada entre tus piernas hasta hacerte sufrir, dolor. Ella duerme en la cama de hospital. Y yo tengo los párpados cosidos. Tengo en mí, por fin, su ojo ciego. Lo acaricio. Lo devoro.)

Porque sentada al lado de una cama de hospital, con los ojos muy abiertos, miro morir a mi madre. A ella, que es ahora su sola voluntad de morir.

Y en esa sala de guardia, solo me resta desearle la muerte. No es mi madre quien quiero que muera. No. Lo que yo quiero es que muera esa mujer agotada que no quiere vivir.

Me duele el culo. No abre los ojos. Llama: *mamá, mamita. Me duele el culo.* De pronto sabe quién soy: *qué cruel que sos. Qué mala. Lilita, hacé que me dejen tranquila, me duele todo.* Llora, se excita. No abre los ojos. *Qué mala y perversa, mi propia hija: dejáme morir. Dejáme tranquila.* Le acaricio el brazo. Apenas, más bien un roce. Y después la cara. Despacio, tan despacio (¿cómo se acaricia a una madre que te pide morir? ¿Cómo se acaricia tu consentimiento, tu compañía de hija comprensiva, obediente? Ella me decía *sos una massunara, tu nona estaría orgullosa.* Del dialecto siciliano, *massunara:* mujer fuerte, eficaz, poderosa).

Le acaricio la cara, la tomo de la mano. Una mujer me escucha. Me mira. Ella vela, como yo, a su madre, pura vejez desintegrada, en la cama de al lado. *No sé cómo podés. Sos valiente.* Me sorprende que ella traduzca mi dolor como valentía. Le explico, como si le hablara a un niño, o a un idiota. *Es ella la que quiere morirse.* La mujer me cuenta una historia confusa y atroz llena de pañales, Alzheimer, babas, llantos, geriátricos sucios. *No puedo dejarla ir. No puedo.* La abrazo, compadecida. *Yo te dejo morir, mamá.* Entonces yo, hija *massunara,* orgullo de su madre y de su *nona,* esta hija que nunca antes había pedido nada a dios porque nunca había creído en su existencia, comienza a rezar. Yo niña soviética atea empiezo a rezar un largo padrenuestro que durará días, semanas, para que al fin se muera, para que esté tranquila.

La pasan a una habitación. Y es el tiempo de la espera. Habíamos pedido que no le hicieran resucitación. Que nada prolongara esa vida que ya no era deseada. Nos dicen que ella había ido al hospital, sola, porque estaba preocupada por su memoria. Que olvidaba cosas, que se perdía, que la cansaba fingir para que no supiéramos (*yo quiero estar bien por vos, Lilita. Por mis nenes*).

La miro dormir, la boca hundida en el agujero de cera que es su cara. ¿Es esta máscara ciega la que fue? (En mi memoria está parada en la cocina amarilla de la casa de Del Temple. Estamos jugando a la maestra. *Vos sos la señorita directora, tenés que retar muy fuerte a todos los que yo te mando.* Ella, que está lavando los platos, hunde las manos en el agua espumosa. Se ríe a carcajadas: *mándemelos, señorita maestra*). En mi memoria ella no es esta boca desdentada, este pozo ciego donde le acampa la muerte.

Hace frío en la sala de espera común donde nos sentamos a vigilar su puerta. Es inmensa, desolada, aunque circule mucha gente. Las sillas de plástico son frías, incómodas. Hay un carrito con libros. Una biblioteca ambulante, para los que buscan el consuelo del olvido. Hay que pasar el día en ese hall grande, helado, mientras ella dormita y se sigue quejando: *me duele el culo* (¿qué se hace con el culo dolorido de una madre? ¿Es para mi mano suavizar sus llagas, sus escaras? ¿Qué se hace con esto que repele y apiada al mismo tiempo? En el carrito/biblioteca hay mucha basura. Al fin encuentro algo que me seduce, una astilla de mi propia biblioteca, un lugar en el que puedo reconocerme. Es una novela húngara. Lajos Zilahy, algo donde tirar el ancla por un rato. No puedo recordar el nombre. Ni lo que leí. Solo recuerdo que por un rato, con un vaso de plástico de café caliente en una mano, estuve sentada sobre la desmemoria, tendida en una orilla de belleza.

Mientras ella se va muriendo, y aún después, cuando ya no está, me sorprendo escondiéndome de la locura en los pliegues del inglés. Es que yo fui una niña de barrio desclasada en las aulas de un colegio británico de Villa Urquiza. Traduzco uno de mis libros. Busco y rebusco palabras, giros, un fleco de sintaxis. Es una droga dura. Hago argamasa anglófona de mi infancia comunista en Parque Chas y nos voy haciendo vivir —a mí, a ella, a Lenin, a mi padre, a todos— en una casa nueva. Porque el inglés y sus acentos fueron desde siempre mi habitat privado, el único territorio nunca jamás colonizado por mi madre, mi imperio secreto. Debe ser por eso que cuando no estoy traduciendo se me da por aullar como una loba, por golpearme la cabeza contra el mármol duro de la mesada hasta que mi frente sangra, hasta que todo el mundo se me hace dolor rojo y me vuelvo completamente loca y huérfana como una hijastra del demonio.

Duerme y se queja. Se despierta un poco, entreabre los ojos y me dice *bichito de luz de mi corazón*. Cómo saber que será lo último que me diga. Con su lengua me hizo bicho. Me hizo luz.

(Meses después yo me preguntaría, borracha de viento y de silencio: ¿Madre, me condenabas a brillar hasta que mi cuerpo no fuera otra cosa que abismo, eternidad? ¿Sería ese brillo tu legado? ¿O que en tu voz extinguida moriría mi luz? ¿Sería yo completa oscuridad cuando tu corazón se hiciera noche? ¿Se hiciera nada?).

Los médicos dicen: *el alma se cansa. Hay que llevarla a casa, rodearla de sus cosas, ayudarla a irse. ¿A morir?*, preguntamos con mi hermano. *A morir. ¿Cuánto tiempo? Horas, días. Apenas agua, y estas gotas para que cuando se pare el corazón no haya dolor.* Ya no hablará más.

Está en su casa, la cama enorme en el comedor, entre las plantas y el cristalero desde donde la miran morir sus muñecas de porcelana. Duerme. Le pinto las uñas de rojo, con delicadeza le envuelvo los dedos en el rosario que le traje de España, cada cuenta una flor colorida, el Cristo minúsculo apoyado en la palma de la mano. Esa será su última foto: la de su mano yerta sobre una colcha con volados. *Nada te turbe, nada te espante, todo se pasa.* No quise tu cara, ni el hueco que dibujaban tus mejillas, ni tus ojos dormidos. Quise tu mano de vieja, tu rosario de Santa Teresa, tus uñas rojas y afiladas. Guardé esa foto en mi teléfono. Cuando nadie me ve la busco para ampliarla. Allí me quedo acurrucada. Todo lo que me queda de vos es el calor de esa mano, astilla de tu cuerpo que viene acariciándome desde antes de la muerte.

Me detendré después a escuchar su ronquido, su estertor. Lo voy a escuchar sin descanso. Hasta que muera. Ella. Yo.

Mi madre murió el 3 de agosto de 2016. Yo estaba esperando que por fin terminara ese largo sueño— dulce y voluntario—que duró exactamente trece días, desde la noche del 20 de julio, en el Hospital Lanari, hasta la una de la madrugada del 3 en su casa, en una cama especialmente alquilada para asegurarle una comodidad que ella ya no quería ni podía percibir. Mi hermano y yo nos habíamos despedido de ella dos o tres horas antes. Yo tenía una urgencia absoluta en su muerte. Quería que cesara su respiración, ya no quería ver a ese pájaro consumido y frágil que terminó siendo su cuerpo. Me había gastado los ojos mirándole la cara todavía bella, sin ninguna arruga, sin ninguna marca de dolor. Se me había gastado la nariz oliéndole la piel, escondiendo la cara en su cuello, en el pliegue donde tenía ese lunar grande y marrón que siempre me había hipnotizado y que hacía del cuello de mi madre el más apetecible y el más reconocible de todos los cuellos del mundo. Se me había gastado la voz hablándole bajito, cantándole tangos, oscilando durante días en el rezo que se decía en la repetición de dos palabras: *linda, viejita*. Viejita. Linda. Había sido testigo del ronquido del final. Del estertor. Yo estaba decidida a que esa noche fuera la última. Mi hermano me miraba hacer y decir, un casi anciano aniñado por el dolor inminente, obsesionado por las canas de mi madre, el pelo sin tintura de mi madre. Entonces le ordené que se fuera. *Ya está*, le dije, *ya está*.

Están todos. Y los nombré, uno por uno. La larga lista de los muertos que hicieron su vida. Andá, vieja. Que ya está. Te están esperando.

Oléla, le pedí a mi hermano. *Hoy se va a ir*. La dejamos con Tati, que tanto la cuidó. Ella quería que Tati le cerrara los ojos. Yo no hubiera podido. Mi hermano tampoco. Y nos fuimos los dos, cada uno a su casa, a esperar el llamado que vendría. Yo le había dicho a Tati: *llamame a mí primero*. Sería, por unos minutos, la dueña absoluta de su muerte.

A la una sonó el teléfono. *Ya está, señora.* El universo no se hundió porque yo tenía que llamar a mi hermano: *ya está, vamos.* Y hacia ella fuimos.

Escribo el cadáver de mi madre. Aquí, sentada, escribo el cadáver de mi madre, y ese cadáver está conmigo. Lo voy a ver siempre en su belleza. En su infinita belleza. El cuerpo muerto de mi madre no me abandona. Puedo convocarlo con solo cerrar los ojos. Otras veces aparece como un resplandor que apenas ilumina y deja su estela de sombra. Pero está siempre. De perfil. Todavía tibio. Una joya que me ofrece. Para mí, su hija.

No recuerdo si lo toqué. Después le preguntaría a mi hermano, a mi marido: ¿le di un beso? ¿La acaricié? No recuerdo nada más que el tiempo suspendido sobre su carne, esa preciosa carne, ese pellejo que ya había dejado de ser. Cuando vinieron los de la funeraria para llevársela, me sorprendió la levedad de esa materia casi desnuda.

(Ligereza de tu cuerpo muerto / pajarito / uñas pintadas / fulgor rojo atado al crucifijo de rositas / desnudo tu pellejo / apenas hueso que se deshará en ceniza ante mí tu corazón / la inmensidad minúscula de tu muerte).

TERCERA PARTE

Tal vez será su voz

No está.

Ahora se estará quemando.

Ella, es decir, su ausencia, deshabita el mundo.

Sábado cinco de la mañana. Hace tres días que murió. Alguien cantó en mi cabeza durante toda la noche *deja no quiero que me beses*. No sé de quién era esa voz. Mía, de ella, de Libertad Lamarque. Solo sé que esa es la voz que anida en mí. Desde esa voz sonríe y mira. Esos ojos que ya no están ciegos, esos ojos que miraron el mundo.

Madrugada. Viene a mí de blanco. No de novia sino de luto por no estar conmigo. No puedo verle la cara pero la mano acaricia. Canta. Tal vez será su voz. Tal vez. Me despierto con sed, como si pudiera beberme toda la tristeza del mundo de una jarra helada.

Mi cuerpo no descansa, maldormir de maldolor. Su voz canta cada noche para mí. Cuando hay silencio la cama es un lodazal. Es barro. Es pantano. Todo es la angustia de la falta de su voz. Los ojos abiertos, secos de tanto doler.

Entonces yo me pongo entera, erguida bajo la opacidad luminosa de esa mirada tuya.

Era ella, mi madre, un pajarito tibio hasta el final. Era carne evanescida. Un estertor de palo. Un hálito que después tuvo su forma.

Quiero su agonía. Su último aire. Quiero su cuerpo descarnado, cada vez más hueso, quiero esa piel que relució hasta que fue cera de muñeca.

Quiero los pies. Apenas el dibujo de sus huesos, el violeta con el que pisó la muerte.

Mirar esa forma pura que arde en su quietud hasta apagarse.

Quiero la perfección de su muerte, su delicada transparencia.

Hay mundos que me preexisten, que de mí no sabían nada. Las casas tienen el nombre de las calles. Ella solía decir: *son los lugares donde fui feliz*. Mi madre niña, cruzando un puentecito de madera sobre el barro de la calle Pedro Morán, antes del asfalto. Hubo barro en sus zoquetitos blancos, los rulos de su pelo y el moño dejaban a la intemperie ese universo.

Nadie había plantado aún el árbol donde cayeron sus cenizas. En esa casa, años después, una noche helada de julio una niña pájaro iba a parir a mi hermano. Pedro Morán.

Mi madre veinteañera escupe hijos muertos, le limpia el culo al que ya tiene y riega los helechos. Las manos se le hielan refregando el mameluco engrasado de mi padre. Hay jazmines y el sonido de la radio. Tango. Bolero. Un pendejito corretea gritando *Poncho Negro*. Puqui era el perro de mi hermano. La electricidad la había dado la Fundación Eva Perón. Artigas.

¿Será siempre invierno en la Siberia, umbral de adoquín y pasto? Ahí decían *Partido Comunista* y *cintura Divito*. Eras vos la que limpiaba la grasa del taller, la sangre de otros hijos abortados. Fuimos yo y mi nacimiento en esa casa. En una foto estás jovencita y en pantuflas. Yo salgo de adentro de una máquina vestida con un mameluco que presumo azul. Mi hermano escucha en el winco *Harlem Español*. No sé si es la memoria o son las fotos. Mariano Acha.

En el centro de las cosas está Parque Chas, y en su laberinto está el misterio. Geografía en bicicleta. Cleopatra, mi tortuga, seguirá dando vueltas en la maceta del gomero. Todavía se mece en el viento el *voile* de la cortina, el sol se filtra en una canción de Domenico Modugno (*la lontananza, sai*). De esa cocina amarilla es toda la música del mundo. Y el diccionario de tu voz: *ponete el saquito, se me cayó del corazón, sticchio lordo, ti do un schiaffo*. Mi primera sangre. El calor del Carnaval en el umbral, el sonido del dolor que se aproxima y que va a hacer estallar nuestro universo. Fue ahí, sospecho, donde se terminó la alegría. Pasaje Del Temple. Fue la última casa de la felicidad.

Yo quiero quedarme donde fui feliz, habías dicho: y hacías un listado detallado de estas casas. De las otras en las que habías vivido —y aún de la casa en la que ibas a morir— no decías nada. Te encogías de hombros o hacías un gesto con la mano, como si el resto de los años que viviste no hubieran importado demasiado.

Es un domingo de frío. Sentada en el auto, mi hermano en el volante, apoyo sobre mi falda la urna de madera con todas tus cenizas. La urna es esa caja basta, apenas lustrada, con tu nombre en una placa de bronce. *1930-2016*. Te vamos a devolver a la felicidad.

No sé cómo escribir que tengo la urna con tus cenizas. Que mi hermano maneja rumbo a Artigas y es a mí a quien le toca sacar la tapa. ¿Cómo se escribe ese gesto? ¿El encuentro con el polvo gris, los grumos de tus huesos? ¿Que no es tu olor de siempre el que tienen tus cenizas? ¿Que ese es el olor a mamá muerta? ¿Cómo escribe una hija el puñado de ceniza que guarda en una mano y que arroja a la mañana helada? ¿Las cenizas primeras que caen sobre las raíces del árbol de tu infancia?

Artigas es la casa que ya no existe. Es apenas lo que adivina mi hermano, puro reflejo cóncavo de su memoria. *Chau vieja*, dice bajito. No llora él. No lloramos. Sopeso las cenizas con mi mano, y las hago volar hacia otra infancia. Mi hermano me mira, agradecido. *Chau, vieja.*

La geografía nos obliga a romper la cronología, a contar nuestras vidas al revés. Vamos hacia Parque Chas. Tengo las manos hundidas en la urna, palpo el polvo y las astillas, la nada que es mi madre. Hay un cordón de sangre entre mi hermano y yo. ¿Haremos volar a la misma madre? ¿Fueron los mismos los ojos que miraron? Suena un tango en la radio y es Di Sarli. Son mis recuerdos de antes del recuerdo. Esa música la que fundó la posibilidad de tu voz en mi voz, la posibilidad de mi memoria. Tengo las manos sucias de lo que queda de vos, mamá. ¿Se lavan las cenizas de la madre, o quedarán adheridas a la piel, aunque nadie las vea? No hay nadie en la puerta de Del Temple, y yo arrojo en tus cenizas todo lo que fui, todo lo que fuimos.

El tiempo se hace leve en el camino a Acha, el lugar donde nací. Mi hermano y yo evocamos todo lo muerto, hablamos de todo lo perdido, aún de aquello que ni él ni yo somos capaces de nombrar. Que ya nunca vamos a querer nombrar. Reconocemos: la carnicería de Victoria, la casa de don Gaetano y los Massielo, la de Osvaldito Ruli . Nombramos uno a uno a todos los habitantes del pasado (¿quiénes son esos nombres, a qué fantasmas llaman?). Nos detenemos apenas en la calle desierta. Agito la urna para que le termine de devolver al aire lo que queda de vos. *Chau, vieja.* Mi hermano desprende la placa y se la guarda. En un tacho de basura tiramos la urna vacía.

El pasado se hace leve, se estrella contra el sol helado de agosto. El presente es ese polvo de ceniza, todo lo que, creemos, fue la dicha.

¿Es suciedad lo que quedó en mis manos? ¿O es el resto de vos que se hizo suave? ¿El resto de mi vida será sin tus ojos? ¿O el humo amarillento de ese polvo? *Verdemar. El frío de la noche sobre mi corazón.*

El dolor me abre los ojos al dolor. Voy desde mí a los otros. El mundo se llena de madres y de hijas, de viejos que caminan esperando la muerte. Como un pájaro ciego, me golpeo contra la luz del tiempo. Vuelo herida, soy un pobre animalito de penumbra.

Estoy en un bar de Primera Junta. Escucho un sollozar, gritos como de palomas. Una hija de mi edad le ruega a su madre senil, o demente, a su madre ya bicho, ya paloma, que se mueva. Y la madre lentamente se mueve y sigue ululando, como gorgojo, como pájaro lastimado y la hija la arrastra (con amor, con vergüenza) mientras murmura *perdón, perdón*.
Desde mi escondite, yo agradezco.

Camino por la calle Candelaria. Dos hijas viejas empujan la silla de ruedas de su madre, infinitamente más vieja. Babeante, el pelo blanco, indefensa en el agujero de la boca desdentada. Ellas le cantan *mi Buenos Aires querido* y le dicen, *vamos, mamá, cantá*. Y la vieja grazna *cuando yo te vuelva a ver*. Se queda callada. Las hijas siguen *no habrá más penas ni olvido*. Cruzo la calle para no ver. Para no cantar con ellas.

Estoy en el subte y una vida de vieja se despliega estremecida ante mí en el calor del mediodía. Mal teñida, sombrerito blanco, pollera florida, pilotín. El cuerpo descascarado apoyado en un bastón. Sale la voz como graznido, la voz un vidrio roto. *Voy a recitar un poema*, anuncia. Hace una reverencia. *Quisiera esta tarde divina de octubre* (la voz es potente, es el grito de una niña monstruo) *pasear por la orilla lejana del mar*. Se detiene, duda, el subte la mece como cosa de trapo. *Que la arena de oro y las aguas verdes y los cielos puros* emerge mamá brillante tu sonrisa en el recuerdo negro y blanco de la foto, mis botitas de piel blanca, tu tapado negro en Mar del Plata. Te apoyabas en el mármol del monumento a Alfonsina. Decías *quisiera ser alta soberbia perfecta quisiera* y tu voz joven se hundía en el mar grisáceo del invierno. Vos eras mi embeleso. Te pregunté qué había debajo de las olas, qué cuerpo comido por los peces. Hay un silencio hecho de tiempo, se escucha el ruido de las vías y me soltás la mano. *Se agradece una colaboración*, y Alfonsina agita el sombrero mustio extendiéndolo en ofrenda. Nadie da, solamente yo sonrío y saco cinco pesos. Qué se troca por memoria, madre, cuánto vale tu voz desvanecida, tu brillo, cuánto vale el calor niño de tu mano, mamita, ola diáfana que alguna vez perfumó el viento

Puñado de rubíes que perdí

los años de caminarte llorando / pasarán así?
vivirás entre los pliegues del mundo / al acecho/
pronta a la caricia / al gemido?
en la perla del suetercito rosa de angora?
en el perfume a solo vos en el saquito
de seda que tejiste?
en el cajón de donde sale humeante el olor de tu pañuelo?
tu carnet de cosmetóloga? en la patilla de tus lentes?
en la letra redonda? puro temblor tu pulso?
las libretitas donde anotabas la demencia?
exorcizabas el olvido?
seré yo tu pliegue / corazón?
cuando sople el viento de ceniza /
de tus huesitos mudos?
Persistente / asomando en el mundo infantil
de mis tanguitos cantados con tu voz
en tus bucles que fueron / peineta de nácar / verdemar
tus pupilas apagadas
            en la ceguera palpitante del final?

Ella me cantaba una canción de cuna, tan atrás en el tiempo, tan su voz en mi cuerpo bebé que no puedo recordarla en este cuerpo que ahora soy. En el sueño, yo pensaba: *me anudo a la raíz*. Le cuento a mi marido. Me pregunta: ¿no te pone feliz soñar con ella? ¿Feliz? Es monstruoso. Yo solamente quiero que ella salga de su escondite, que vuelva a ser una más de todas las cosas que están en el mundo. ¿Feliz? Es intolerable, pero de modo absoluto, tenaz, que ella —ella no, quiero decir, su ausencia— sea este desgarro entre su carne que ya no es y el universo entero.

Llamo a mi hermano. Lloro, le cuento cada detalle del sueño y la angustia. Le doy detalles de mi llanto: es mi hermano. Hay una intimidad forjada en sangre. *Dónde está. Dónde está.* Percibo que mi hermano mayor, huérfano definitivo —como yo— calcinándose en la intemperie —como yo— se pone a llorar. Algo le tiembla en la voz. Intenta un consuelo (banal). *Nada es suficiente* (le grito, como un animal). Mi hermano huérfano y calcinado dice que esa durmiendo su muerte en una cama no era mamá. Ya no era (*Lilí*, me dice. *Bichito de luz*, me dice). Mi hermano mayor es apenas un nene. Tengo que explicarle, para que entienda. Que esa era mamá. La mujer que se durmió hasta el estertor final, esa mujer bella en su agonía, en su vejez, era mamá. Era la culminación de mamá. Su modo más perfecto. Un objeto más entre tantos, buscando compañía, despidiéndose y dejándonos la despedida. Le habíamos cantado a esa belleza dulce. Canciones de infancia: la voz de sus hijos empujándole la barca hasta el final, agradecidos. Más allá el horizonte negro e impensado de su ausencia.

Yo cierro los ojos y me calcino como vos, en mi intemperie. Y le veo la belleza infinita de su muerte. Estrella fugaz, esa madre tuya y mía, que atravesó ese cielo que todavía no alcanzamos. Ese cielo en el que todavía llueve. Un cielo oscuro y mojado sin ella. Ahí donde vos y yo nos ahogamos de su ausencia.

La sangue scorre piú lento dell' acqua.

....

En una caja grande y blanca, que contuvo unas botas de cuero, compradas unos días antes de la muerte de mi madre, se guardan algunas prendas y objetos que le pertenecieron y que decidí conservar después de una rigurosa selección. La caja está guardada —semiescondida— en la parte de arriba de un placard. El contenido fue distribuido siguiendo un orden cronológico —si bien aleatorio—en su mayoría. Lo que sigue es el informe arqueológico de lo que allí se guarda:

En las profundidades de la caja sí se encuentra un objeto que si bien no perteneció a mi madre, retuvo hasta el día de su muerte una importancia central: el traje dorado —acompañado por carterita ad hoc, también dorada—que mi abuela luciera durante los festejos de sus bodas de oro, en enero de 1971. Sobre este objeto —legado materno— se hallan aquellos más antiguos: dos pañuelos bordados por ella en el colegio de monjas donde hizo sus únicos dos años de educación secundaria (c. 1943-44); la bata de raso de seda de su noche de bodas (abril de 1946) de color marfil, al igual que el camisón. Un babero de tul amarillento hecho por ella, envuelto en una funda de almohada de pequeñas dimensiones, como para la cuna de un recién nacido, bordada a mano. Ambos objetos fueron de uso común de mi hermano mayor después de su nacimiento, en julio de 1947. La capa inmediatamente superior está constituida por un juego de sábanas que perteneciera a mi cuna, también hechos a mano, del año 1961. Se comenzaron a utilizar en marzo, mes de mi nacimiento.

Como barrera entre los objetos de mayor antigüedad y otros posteriores, más cercanos al presente, se encuentra el suetercito de angora rosa y perlitas bordadas. Ese suetercito, que ella lució en la presentación de mi libro *Una Perra*, en junio de 2012, ha perdido su cualidad de objeto para metamorfosearse en una entidad aún indefinible, casi un resto de aquello que fue el cuerpo de mi madre. Esto es lo más cercano a su materialidad que puedo concebir. Nadie sino ella hubiera lucido esa prenda con más felicidad y convicción. El suetercito, y cada una de las doce perlitas blancas que dibujan un triángulo sobre la pechera son la manifestación de la esencia —material—de mi madre. Pareciera que sus cenizas, arrojadas al aire una mañana helada de fines de agosto de 2016, se transfiguraron y convirtieron en eso que es aún suave, de persistente dulzura, como lo fuera el cadáver de mi madre.

Le siguen, por orden de aparición: un *baby-doll* rosa con volados (c. 1968), un conjunto de noche: pantalón de gasa negra con un corpiño de encaje (c. 1970/71) y —pequeña dislocación temporal—los guantes de raso turquesas y el abrigo azul eléctrico de tul de seda que utilizó en el casamiento de su prima Teresa, en 1963. Dos corpiños y una bombacha que yo le regalé, de color cremita (c. 2010), percudidas por el uso y el lavado.

Escondidos entre los pliegues de estas prendes se pueden encontrar: sus agujas de tejer, un botón color naranja de proporciones inusuales (sin datar), una cigarrera antigua (c.195?) que al ser abierta revela contener la cédula de identidad de mi madre y su carnet de jubilada de ANSES y el pasaporte argentino número 2756489 expedido por la Policía Federal el día 23 de mayo de 1994. El pasaporte tiene una visa estadounidense y sellos de migraciones de dos viajes a ese país, en los años 1994 y 1995 (¿podría yo haber sobrevivido al nacimiento de mi primer hijo sin su presencia? En el año 1994 tuvo lugar la conversación en la que acariciando a mi hijo recién nacido me dijo *ahora vas a ver que un hijo varón es un hijo varón* y que mi madre siempre negó —el olvido es una de las formas de la negación, pero solo una, la culpa y la vergüenza bien pueden ser otras—. En 1995 la nieve llegó temprano y ella y yo pasamos horas encerradas mirando nevar. Durante esa tormenta tengo la certeza de que mi madre me contó historias familiares que suscitaron mi curiosidad, mi indignación y mi solidaridad, pero de las que hoy no conservo el recuerdo. Todo lo que me viene a la memoria es la cadencia de su voz y el mundo que se hacía blanco allá afuera). Dentro del pasaporte se encuentra una estampita de Santa Lucía (?) y un papel pequeño doblado que contiene garabatos de colores. Escrito con letra infantil y temblorosa puede leerse: *para nona con amor, gato Tom* (en referencia a mi hijo mayor. Circa 1999). Una diapositiva de mala calidad en la que después de varios intentos reconozco las sierras de Córdoba de fondo, a mi padre y a mi madre. Entre ellos estoy yo, dándoles la mano, vestida con una pollera de lana gris y tiradores con florcitas verdes y el pelo bien sujeto en dos trenzas largas (c. 1969). Un recorte de diario estadounidense en el que aparece la foto de mis nonos —Carmela y Santo— reunidos con sus hermanos—María y Angelo— con la leyenda *After 44 years a family is reunited* (1965). En un marco protector de vidrio, la misma fotocopia de una foto de 13 cm por 18, blanco y negro, en la que aparecen, muy jóvenes, los cuatro hermanos Moschella, la que había estado colgada en la pared de la casa de mi madre. El original había sido conservado por mi abuelo en un maletín de cuero que rescaté de la basura. De izquierda a derecha: Elena (Ele, para sus hermanos, en un vestido floreado y escotado, el pelo corto y ondeado, según la moda de la época) mirando fuera de campo, más allá de la cámara. Tengo guardada una serie de fotos de mi madre tomadas a lo largo de su vida, desde su adolescencia a su vejez. En todas ellas parece viajar con la mirada. El deseo de estar en otra parte.

A su lado Leticia (Leti), con vestido negro Chanel. Hay algo de incomodidad en su postura, como si no terminara nunca de encontrar su lugar. Sus hermanos la querían con una indiferencia burlona y le despreciaban la cursilería: le decían *la bizcocha*. Junto a Leticia, Aurora (Chon), con falda tubo y blusa de seda, el pelo a lo *garçon*, mirando a su derecha y sonriéndole de manera irresistible al mundo y a su hermano menor, Rolando. Ella que puede seducir a un universo. Rolando (Rulo), el doctorcito abogado, luz de los ojos de las nenas eternas, ese que luce camperita negra y anteojos oscuros por lo que no podremos saber con exactitud hacia dónde dirige la mirada. Su actitud corporal es la del amo. Él se sabe dueño. (Diciembre 1965. Visita de la tía María a Buenos Aires desde New York). Por último, se encuentra una foto más pequeña, en colores, en la que aparecen nuevamente los cuatro hermanos:

Leticia, Elena y Rolando, de pie, apenas sonríen. Con la mirada baja, los tres están tomados del respaldo del sillón en el que está sentada Aurora, quien ya no puede ocultar las marcas de su cáncer. Delgada y desmejorada, Aurora no mira a la cámara. Con la cabeza ladeada, como apoyada en el aire, ya no sonríe. Aurora mira la muerte a los ojos y ya no tiene miedo. (Navidad de 1998, ella moriría una muerte bella, como en una ópera de Verdi, el viento agitando la cortina, mi mano en la suya, mi voz diciéndole *andate*, el 28 de febrero de 1999). Leticia moriría en un aullido, del mismo cáncer, en 2003. Nos echarían del cementerio, en una escena más impropia de la realidad que de una película neorrealista. Mi madre le limpió el culo a las dos hasta el final (*por eso yo no quiero ser la que entierre a todos sus hermanos*. Nunca supo que su Rulo moriría dos meses antes que ella y que su temor se haría certidumbre).

Después de una cuidadosa evaluación, puedo concluir que esa caja guarda todo lo que fue mi madre. Cada prenda parece conservar el peso siempre leve de su cuerpo. La caja guarda, sobre todo, el olor intenso de su piel y su perfume.

Sobre otros objetos:

Los dos pares de anteojos, su billetera con las estampitas de santos y las fotos carnet de sus hijos y de sus nietos, así como el perfume Carolina Herrera que quedó sin terminar y que se está evaporando, están guardados en el primer cajón de mi cómoda, entre mis camisones y mis remeras. En el cajón en el que guardo anillos y collares hay una cajita con el carnet de cosmetóloga. En el tercer cajón de mi mesa de luz está su tijera de acero, la de toda la vida, y su dedal. Entre mi ropa, un suetercito de hilo blanco de seda, tejido al crochet por ella en 1964. Lo uso con enorme frecuencia desde que comprobé que a pesar de los lavados, el olor de mi madre no se borra.

Yo sé que esas y tantas otras cosas deberían a lo mejor estar guardadas en la caja grande, pero es que todavía me gusta tropezar con ella en los rincones y ponérmela encima, como una segunda piel.

ASÍ MUERTA INMORTAL. ASÍ

Cuando murió mi mamá descubrí a mi alrededor muchas orfandades dispuestas a acunar la mía, pero ninguna tan maternal, tan devotamente atenta en la posibilidad de pensarme huérfana como la que me regaló mi amiga Gloria Peirano. Gloria patrulló mi dolor como una fiera. Una huérfana experimentada que sabía de orfandad y me sostuvo cuando yo no soportaba más. Escuchó mis alaridos, mis sollozos, mi silencio, me dejó ser niña y bestia. Una tarde mencionó así, al pasar: *Barthes, Diario de un duelo*. Entonces yo supe, inmediatamente. El libro estaba quieto en el estante Barthes de mi biblioteca, entre *Fragmentos de un discurso amoroso* y *El grano de la voz*, un poco caído hacia adentro, casi invisible. Lo abrí y leí fecha y firma, en tinta roja: 3 de diciembre de 2009. Yo había leído ese libro, aunque no podía recordarlo. *Diario de un Duelo*, el libro en el que Barthes escribe el dolor por la muerte de su madre con una intensidad tan desgarradora, no se había parecido en nada a algo que yo hubiera leído antes. Fue, por eso, y por algunos años, el libro más incomprendido, el más críptico, el menos asimilable a mi experiencia del mundo. Fue por eso, también, que lo había olvidado.

Doy fe, sin embargo, de que lo leí con reverencia, obediente a la letra del maestro. Me sedujo, recuerdo, la palabra *duelo* que brillaba en el título. Estoy segura de que en esa, mi primera lectura, anduve buscando semejanzas entre el duelo por una madre y otros duelos que se llevaron mis años: mi padre, mi padrino, mis abuelos, mis tías. Qué ingenua. No me había dado cuenta de que cada uno de esos trabajos de duelo —más o menos traumáticos— se fueron haciendo soportables porque los fui atravesando en la cercanía de la mano tibia y consoladora de Elena, mi madre. Ahora yo estaba sola. No era más que un hueso pelado, intemperie. Entonces sí. Todo lo que antes había sido incomprensión, apenas letra escrita, un leve malentendido, fue verbo hecho carne. El mar donde anclar mi experiencia.

Desde ese día viajo por todas partes con ese libro, ya ni siquiera me hace falta leerlo. Las hojas están dobladas, escritas, manchadas. Ese libro me recuerda que mi orfandad —como la de Barthes, como la de todos—durará para siempre.

La madre de Roland Barthes murió el 25 de octubre de 1977. Al día siguiente, él empieza a escribir un diario de su duelo. No podía imaginarse que iba a morir seis meses después de que lo terminara. *Diario de un Duelo* se publicaría veintinueve años después de la muerte del hijo. No recuerdo por qué ni en qué circunstancias compré ese libro que publicó en español la *Editorial Siglo XXI* el mismo año en que se publicó la edición francesa. Supongo que lo adquirí por las mismas razones por las que vengo comprando todos sus libros desde que a principios de 1979 un compañero de la facultad me prestó *El Grado Cero de la Escritura* (escena que aparece narrada en mi novela, *La Buena Educación*). Me estremece la aritmética: Barthes aún vivía, Barthes sufría y escribía su dolor. Yo era jovencísima, tenía 18 años. Mi padre acababa de cumplir los 58 y todavía faltaba más de un año para que muriera en un accidente en la Navidad de 1980. Mi madre recién había cumplido los 49 y le quedaban treinta y siete años de vida. Mis padres se habían separado salvajemente, después de 30 años de casados, en 1976, apenas tres meses después del 24 de marzo. Solo había visto morir a mi abuelo materno, el nono Santo, aunque aún no me había acostumbrado a los fenómenos rarísimos que acontecían cada vez que mi nona Carmen pronunciaba su nombre: luces incandescentes que recorrían el aire de la casa, su voz y su silbido llamando desde la terraza. Fui conociendo otros dolores, otros desgarros. Pero mi propia vida de joven y de adulta iba a desplegarse después de la muerte de Roland Barthes, protagonista de mis ensoñaciones de estudiante, uno en la escueta lista de los maestros que me enseñaron a leer el mundo.

Cómo iba entonces yo a saber que ese libro, algún día, sería mi pequeña *Biblia*. Mi amuleto.

Así resultó que yo, la chica de Villa Urquiza que recorrió un camino más o menos largo, que estudió Letras, se casó, hizo un doctorado, tuvo hijos y una biblioteca cada vez más grande, escribió, enseñó y viajó bien lejos de Parque Chas sin moverse nunca de la infancia en ese mundo redondo, descubrí que soy tan huérfana como Roland Barthes, muerto ridículamente bajo las ruedas de un camión en 1980. Imagino a Barthes, ese señor de cara amable y parecida a la de un ornitorrinco o un ave en su departamento de París, llorando la muerte de su madre después de haber escrito todo lo que alguna vez la chica de Villa Urquiza iba a estudiar en la facultad y con los años iba a enseñar a otros estudiantes tan inocentes y ávidos como ella. Ese señor cuyos libros ocupan un estante entero de mi biblioteca, en ediciones en dos idiomas, español e inglés, ese señor importantísimo e inaccesible por muerto y por intelectual francés, resultó ser tan huérfano y sufriente como yo. Hay una fractura temporal entre esa escritura y mi lectura. Una dislocación que sin embargo se borra porque el *Diario de un Duelo* es eso que habla del abismo espeso y oscuro que solo los huérfanos de madre conocen, y que, ahora sí, me resulta tan reconocible como mi cara en un espejo. Entonces empiezo a escribir mi desgracia en los márgenes de otra desgracia. Lloro de reconocimiento, lloro de soledad. Desde mi hueco, desde mi agujero dolorido, hablo con un francés largamente muerto.

Barthes: Conocí el cuerpo de mi madre enferma, luego moribunda (*me ofrece un café, acepto, todavía cohibida por su presencia*).

Yo: Mamá. Te senté en el inodoro. Te abrí las piernas, te limpié la conchita rala, te entalqué las arrugas. Te dije que un pañal rosado era una bombachita. Para que nada te lastimara, para que nada te hiriera.

Escondí mi asco, mi repulsión. Los hice amor (*Roland,* le digo, *Roland, te estoy contando lo que nunca diría, lo que nunca le contaría a nadie*).

Barthes (*conmovido por mi confesión*): En cuanto alguien está muerto, construcción enloquecida del porvenir... (*¿un cigarrillo? Hace años que no fumo*—le digo— *Pero lo acepto igual. De algunas cosas mejor hablar mientras fumamos. Me asombra no sentir asco, sino la memoria de un placer antiquísimo.*)

Yo: Vaciar tu casa. Disponer de. En cada mueble un montoncito de papel, bolsas llenas de nada. Tu enfermedad iba como un ratoncito. Tus agendas en las que anotabas tu memoria: *Charo es mi hijo. Mi hijo es abogado. Teléfono...* Te recordabas quién era quién en el mundo. Tu ropa en los cajones. Tu voz en un lápiz de labios, en un corpiño que a lo mejor había sido mío: *qué lindo es esto, Lilita, ¿me lo regalás?*
Vaciar, sacar muebles, limpiar hasta que todo quede irreconocible. La sorpresa de tu salto de cama de franela roja colgado detrás de la puerta de tu dormitorio. Me encierro en el baño, me cubro la cara y lloro a los gritos mientras los pintores y los de la empresa de mudanza se adueñan del espacio que alguna vez fue tuyo. Las dos piezas, el balcón, la cocinita que eras vos (*me tiembla la voz. Me da vergüenza llorar adelante del maestro*).

Barthes: (*Mi querida, me dice*) No, el duelo (la depresión) es algo distinto de una enfermedad. ¿De qué quieren que me cure? (*Llora. Y yo también, el llanto es contagioso, aunque el que llore sea un muerto*).

Yo: Una dimensión desconocida de la ira frente a los buenos deseos. El trato de enferma. El trato que enferma. La urgencia de los otros porque la cura sobrevenga. Podría matar de rabia.
Frases idiotas, de libro de autoayuda ramplón, de sensibiliad ramplona, berreta: *Soltá. Dejala ir.*
¿A mi madre muerta? ¿Qué suelte qué? ¿Dónde carajo quieren que la deje ir? (*Dame otro pucho, le pido. Me lo enciende y me lo alcanza con un gesto de ternura, como si fuera su cachorrita, o una hermana menor*).

Barthes: Está aquí, el principio solemne del gran, largo duelo (*se para mirando a través de la ventana. En Buenos Aires el cielo está tan gris como casi cuarenta años antes. El mismo cielo*).

Yo: El mundo está helado. Su ausencia lo deshabita. ¿Será entonces para siempre?

Barthes: Cosa rara, su voz que conocía tan bien, de la que se dice que es el grano mismo que el recuerdo…. No la oigo… (*Somos, ambos, el eco del eco de las voces de nuestras madres muertas. Qué intimidad. Podríamos ser esposos. O amantes*).

Yo: ¿Dónde está tu voz, madre? El mundo sin tu voz, y tu voz que sangra en mí (*Barthes, como si supiera, tararea un tango*).

Barthes: Antes, ella se hacía transparente para que yo pudiera escribir. (*No puedo imaginarme a mi madre en estado de transparencia. Me da un poco de rabia, un poco de ternura. Me río*).

Yo: Ella nunca fue transparente, su mirada pedía, su voz exigía con la insistencia del llamado cariñoso. Tendía sus sogas. Pero su cuerpo estaba siempre dispuesto a mi vuelo. A cualquier vuelo. *Lilita, mi nena, escribe*, le decía a todo el mundo. De puro orgullosa de su hija lo decía. Ella nunca supo lo que era escribir, aunque le hubiera gustado saber. Sé que deseó cada palabra mía, aunque la escuchara de lejos.

Barthes: Los deseos que yo tenía antes de su muerte ahora ya no pueden cumplirse pues ello significaría que su muerte me permite cumplirlos… que podría ser en un sentido liberadora respecto de mis deseos. (*¿Otro café? ¿O una copita? ¿Qué te gustaría, Lilita? El alcohol va mejor con el modo confesional. Me llama Lilita, como mi madre. Y me tutea. Ya no somos dos desconocidos. De un modo raro, inesperado, hablamos del deseo y nos deseamos, él y yo*).

Yo: Quise tantas cosas. Moscú para la Niña Soviética que soy y que fui. Italia (la montaña solitaria de los Abruzzos, el mar siciliano). Me daba vergüenza. ¿Cómo ir sin ella? ¿Cómo cumplir para mí aquello que ella murió añorando? Mis deseos me hacían culpable. Pero no había lugar para ella en ese deseo, aunque la abarcaba, la excedía hasta hacerla desaparecer. Yo quería liberarme de la culpa de desear en su presencia.

Su ausencia libera la concreción, hace que esos sueños se conviertan en materia de lo posible. Su muerte abre la posibilidad que imagino infinita en la vida que se me va a desplegar —aunque yo no lo quiera, aunque yo no pueda soportarlo— sin ella.

Sigo deseando, pero no sé si quiero esa libertad, ahora. Lo único que quiero es lo que intenté evitar toda mi vida: encadenarme a ella y ya no es posible. Todo el tiempo del mundo está a mi alcance. Todo lo que me sobra y que no sé si quiero.

Barthes: Sabés, consulté el *Larousse*, busqué la palabra *memento*: dieciocho meses para el duelo de un padre, de una madre. La medida del duelo.

Yo: Mentira. Mentira (*no me doy cuenta de que estoy cantando un tango de Gardel. Las horas que pasan ya no vuelven más*).

Barthes: A veces, muy brevemente, un momento blanco…. Que no es momento de olvido. Eso me espanta. (*Le pido más alcohol. Nos servimos otra copa. Necesitamos estar un poco borrachos para contarle esto*).

Yo: El olvido es el espanto. Contra eso, la necesidad de invocar la materia última. Convencerme de que ella ya no es. No será otra cosa que ese corazón en mí. Revivo su enfermedad, su sueño, su largo estertor, revivo eso que quedo de ella. El violeta de sus pies. Ella toda violeta menos su cara bella. Su olor. La despedida de su olor de mamá, el rincón de su cuello donde algo aún latía. Un calor. La revivo muerta. Si la besé. Si la toqué. No recuerdo qué hice con su cuerpo muerto (*cuerpo muerto se dice cadáver, me repito*). Entonces la imagino (a su cadáver) adentro del cajón: pajarito en su jaula. ¿Cómo dormiría allí? ¿Habría encontrado su voz perdida?

El fuego después le quemó los huesos. Revivo el tacto de sus cenizas. Cenizas suaves, algunas. Huesitos duros, indestructibles, minúsculos en su dureza, otros. Se habrá hecho lluvia, ya. No es morbo. No. Yo necesito machacar sobre su materia contra el olvido: cuerpo muerto se dice cadáver, ceniza se dice cadáver de mi madre ardiendo. Yo quiero su memoria para siempre, que es hasta mi cadáver, hasta mi ceniza. Entonces ahí sí vendrá el olvido (*estoy definitivamente borracha. Quiero vomitar. Sosteneme, Roland, le pido. Él es bueno y se acerca*).

Barthes: …para ver (en la calle) la fealdad o la belleza de la gente. (*Afuera es noche y llueve tanto. Buenos Aires 2016 y París 1979 son tangos intercambiables*).

Yo: Ahora veo más allá de lo que se muestra. Como una clarividente, llego hasta el corazón de la fealdad o de la belleza. Especial ojo para la fealdad. Mirada como un cuchillo que despedaza lo mezquino, lo banal, lo que no es cierto. Es un ejercicio de la exclusión del mundo.

Barthes: No ensombrecer a mi alrededor, sino por momentos cuando ya no se puede más y se cae destrozado (*Solloza. Yo no lloro, le respondo con la voz quieta*).

Yo: Soy sombra. Ella me pone a su sombra y ahí me quedo. No ilumino, nada es luz en mí. Del antes habrá algún resplandor, cierta luz que será irrecuperable. Soy sombra que sabe de una oscuridad de la que no sabía porque antes ese saber era imposible.

Barthes: Lo asombroso es un sujeto devastado que es presa de la *presencia de espíritu*.

Yo: Eso es lo que pierdo. Lo que sostengo a veces. Empecé a esconder el dolor para que no lo confundan con una de esas enfermedades horribles de la piel. Una psoriasis, una pustulosis como la que tuve, una supuración gangrenosa que hay que vendar. O amputar.

Barthes: Por una parte, ella me pide todo, todo el duelo, su absoluto (pero entonces no es ella sino yo el que le atribuye pedirme eso). (*Me mira buscando reconocimiento. Tomo otro trago y lo miro con cariño de amiga, le hago un gesto para que siga hablando*). Y por otra parte, siendo verdaderamente ella misma, me recomienda la ligereza, la vida, como si me dijera todavía: "pero ve, sal, distráete...".

Yo: Hablando de la muerte de la madre de una amiga, una madre que murió exactamente el mismo día que la mía, dije no una, sino dos veces: "La mamá de X murió el mismo día que yo". Hablo del día de su muerte como si yo hubiera muerto, no ella. Me obligo a morir con ella. Sabía cuánto la iba a llorar. Es cierto, ella no hubiera querido nunca mi enfermedad —*Lilita, si a vos te pasa algo*—.

Y sin embargo.

Barthes: Esta noche, por primera vez, he soñado con ella... (*El aire se aquieta, seguimos el camino de esos puntos suspensivos. Entramos juntos en la zona de la angustia. Apenas respiramos, Barthes y yo*).

Yo: Si no escucho su voz cantar, no duermo. Es su silencio el que no me deja dormir. Entonces sueño que canta. Una canción de cuna que no recuerdo. Hablo con ella, le cuento cosas. Tonterías: Me duele la panza, hay mosquitos. Murmuro: Estoy solita. La invocación a todos los muertos y mis gritos: Ella no venía.
Me pongo a llorar porque me duele un pie. Mi marido quiere ayudarme. Le digo que no, que solo quiero la mano de ella, que si no es con su caricia, no puedo caminar. Me despierto y tengo un moretón azul, enorme, en el pie izquierdo.

Barthes: El día de hoy... todo ha sido más o menos ordenado; está ahí la soledad definitiva... Nudo en la garganta... Mi desgarradura se activa al hacer una taza de té, un pedazo de carta, al poner en su sitio un objeto... Todo esto define el desprendimiento de todo trabajo (*Barthes camina de un lado al otro. Yo me toco el cuerpo mientras él habla. Tiemblo*).

Yo: El cuerpo en duelo es una aberración, es una monstruosidad porque rompe la cadena rutinaria de la producción, logra abolir el trabajo. El sufrimiento hace del sujeto un revolucionario. Hace estallar la base misma de la reproducción del capital por el trabajo. Revienta las leyes del mercado porque saca al sujeto de su disciplina. El cuerpo en duelo obliga a la rebelión. El duelo no tiene valor de cambio. Es puro valor de uso, es apenas el pozo solitario, el confinamiento del yo.

Barthes: La gente puede creer que tengo menos dolor del que habrían pensado. Está ahí donde se vuelve a desgarrar la relación de amor, el "nos amábamos". El punto que quema más en el punto más abstracto...

Yo: A veces la gente no puede comprender mi dolor, como si los sorprendiera mi duelo. Aún los huérfanos, aquellos que deberían saber. Tengo que contarles: "nos amábamos". Romper toda barrera del pudor. ¿Cómo se duela a una madre amada, al amor de esa madre (correspondido)? *Lilita, mi Lilita.* Yo también me sorprendo y mi sorpresa es rebelión y cólera. No entiendo cómo aman otras hijas. ¿Cómo aman otras madres?

Barthes: Siento el ciclo de los días de la semana. Enfrento la larga serie de los tiempos sin ella (*Hablamos sin entonación, sin cadencia alguna. Hablamos como los que susurran un mantra*).

Yo: No sé cómo hacer la vida alrededor de un vacío; del largo tiempo que me espera sin ella. ¿Vivir alrededor de su silencio? ¿Sin su voz? El aire se hace impenetrable. Sin su voz.

Barthes: Duelo puro, que no debe nada al cambio de vida, a la soledad, etc. Rayadura, abertura de la relación de amor. Cada vez menos cosas que escribir, que decir, sino eso (pero no lo puedo decir a nadie). (*Está enojado. Me reconozco en la profundidad de su rabia. Somos hermanos en el resentimiento*).

Yo: ¿Duelo puro? Es hacerse leproso. Necesidad de encierro, para que nadie escuche las campanas que hacen sonar la enfermedad. El dolor te hace paria. El dolor es sucio.

Fragilidad extrema de mi condición de persona: El universo transcurre sin mí y yo doy vueltas con mi dolor y a nadie le importa —porque nadie lo sabe—. Nada debo decir.

Experimento en carne y alma el giro discepoliano de la existencia: *yira, yira. La muerte es grela.*

Barthes: Se recomienda "ánimo"… querría decir *"querer vivir"* y de eso ya se tiene demasiado…

Yo: Sí, hay un *querer vivir* pero está anclado en el sufrimiento… El dolor es una necesidad para seguir viviendo. La única vida posible sin ella es la que transcurre en el dolor de su pérdida. Dolor de ausencia. Esa es la forma de mi amor por ella, ahora.

Barthes: Molesto y casi culpabilizado porque por momentos creo que mi duelo se reduce a una emotividad. Pero ¿no ha sido toda mi vida sino eso: *emotividad? (Lo que sigue es dicho por ambos en el tono neutro de los que huyen del dolor. Buscamos el desapego en un intercambio de colegas).*

Yo: Lo que para vos es emotividad es apenas el barroquismo que recubre la larga duración y la profundidad de mi intensidad. Estoy abrumada por el reconocimiento de mi intensidad. Es mi condena, mi pústula que supura eternamente Soy un exceso en un mundo cada vez menos intenso, más plano. Es mi excrecencia, ese resto de mí que (me) incomoda, que perturba.

.

Barthes: Hay un día en que la muerte ya no es un acontecimiento, sino otra duración, amontonada, insignificante, no narrada, gris, sin recurso: duelo verdadero insusceptible de una dialéctica narrativa.

Yo: Acontece la muerte del ser querido y por un tiempo breve nos singulariza, nos prestigia. "Ahí va la huérfana". "Pobrecita". La gente se arremolina para los pésames, los abrazos, la escena siempre pública de la despedida en el cementerio. Después se vuelve al gris de ausencia (canzonetta). Después nada. La sucesión de los días, la costra sobre la herida, que la protege pero también la esconde de la mirada de los otros. Algo supura de todos modos. Es pus o silencio, porque no hay manera de contarlo. La palabra llega a los bordes, no explica nada. Lo único que puedo imaginar es la transcripción de su voz, de sus giros, de los modismos de su lengua. Ella es un idioma que quiere ser hablado.

Barthes: Imponer el *derecho público* a la relación afectuosa que el duelo implica.

Yo: Me avergüenzo de la intensidad de mi dolor. Es tanta que me impide ocultarlo, disfrazarlo de tristeza, de melancolía, incluso de depresión. Me aclaro el pelo. Yo, morocha, viro al rubio para suavizar la máscara que el dolor me marca en la cara. Oculto, suavizo, me gana el pudor. Pero adentro me quema la ira, la necesidad demente de gritar que tengo derecho. Derecho público al exceso de amor de este duelo. ¿Y si me arrodillara en plena calle, como una suplicante?

Barthes: Durante meses fui su madre. Es como si hubiera perdido a mi hija (¿hay dolor mayor? No había pensado en eso). (*Solloza otra vez. Recuerdo la textura de la voz de mi madre hablándome en italiano. Me queman los ojos*).

Yo: Los últimos días antes del largo sueño, me llamaba *mamma*. Fue mi hijita vieja. Fui su madre hija. Es la suma de todos los dolores.

Barthes: ...así que la escritura a su máximo es de todos modos irrisoria. La Depresión vendrá cuando, desde el fondo de la aflicción, ni siquiera podré agarrarme a la escritura.

Yo: (Me) Sostengo en lo irrisorio. La escritura casi siempre lo es. Ese detalle, mi pequeño defecto de nacimiento, como un lunar o un labio levemente leporino. Es el salvavidas —siempre lo fue— contra el embate de la Depresión, que conozco tan bien. Contra ese sol negro construí toda mi escritura. Pero no conozco la Depresión sin ella.

La fragilidad de la rama de la que estoy colgando. Sopla una brisa y me estoy meciendo. Todos los días ruego: que no venga el temporal.

Barthes: Las palabras (simples) de la Muerte:
"¡Es imposible!"
"¿Por qué, por qué?"
"Para siempre"
Etc.

Yo: Su ausencia es casi idiota en su imposibilidad. Rabia: deseo la muerte de otros, no entiendo por qué ella y no seres que desprecio por su mezquindad, por su estupidez. Me digo: ella no era así y sin embargo, es para siempre. El cuerpo acompaña esa simpleza, esa ira: se consume hasta hacerse casi nada. Anhelo de pellejo, de hueso limpio. El miedo es que la vida se imponga así, simplemente. Necesito del dolor: no tengo otra respuesta.

Barthes: Lo que me hace soportar la muerte de mamá se parece a una especie de gozo de la libertad. (*Seguimos tomando. Sigo fumando. El cuerpo abandonado, conversamos con el tono de quien se confiesa ante su analista. Otra vez la intimidad, pero esta vez en la complicidad monocorde de nuestras voces*).

Yo: Había un tiempo de ella. Yo decía: tengo dos hijos, marido y madre anciana. Eran las horas felices de los mates, las charlas, la repetición ritual de sus historias. La sorpresa en cada variante del relato, la perplejidad en mi escucha. Eran las horas desdichadas de la demanda, del terror a su muerte, del pánico a su enfermedad. Ahora hay un tiempo infinito: el gozo de la libertad. El precio de lo insoportable. Soy deudora de esa culpa. Eterna, se prolonga en su ausencia. No hay libertad posible. Todavía.

Barthes: Esta mañana… por la radio, unos *lieder.* ¡Qué tristeza! Pienso en las mañanas en que… tenía la felicidad de quedarme con ella.

Yo: la radio y los tangos. Empiezo a cantar (no yo, lo que sale de mí es su voz que canta). Me quiebra el graznido de un sollozo. De pronto estoy inmóvil. Suspendida entre el deseo de seguir cantando (porque ella canta conmigo) y el dolor de saber que lo que escucho es el pentagrama de su ausencia.

Barthes: Desde que mamá no está, ya no tengo esa impresión de libertad que tenía cuando estaba de viaje (cuando la dejaba por un corto tiempo).

Yo: No hay libertad sin ella, que era un puerto de retorno (Lilita, el perfumito, un regalito. Su querer saber de mis aventuras, orgullosa y sin entendimiento). El tiempo se abre un poco, insensato, despliega la duración que tendrá mi vida sin ella. Se pierde el gozo travieso de alejarme y volver bajo su mirada que todo de mí justifica, impulsa.

Viajo y pienso: otra vez aquí y ella no está. Esta experiencia me es concedida y ella no está.

La verdadera libertad era el retorno a su regazo (hay una foto: yo estoy casi dormida, en una de mis vueltas de Madrid. Cansada del viaje. Ella tiene la mano abierta para sostener mi mejilla. Con la otra mano me acaricia la cabeza).

(Barthes se para, camina unos pasos hacia mí y me acaricia la cabeza, replicando ese gesto que la muerte hizo irrepetible. Lilita, me dice. Me llama como ella. Roland, le digo. Espero tener el eco de la voz de su madre en la mía. Somos huérfanos. Yo le sostengo la mejilla, dulcemente. Lo abrazo, fuerte, en lo que es en realidad una despedida. Yo le conozco la muerte por venir).

¿Podré mirar como los muertos? ¿Cómo entrar en la casa de sus ojos? ¿Abrirlos como ventanas al pasado? Calzarme tus ojos como un guante perfecto, como un aroma en el que se mece el tiempo. Apenas se escucha tu voz niña (Elenita grita el nombre de sus hermanos. Cuenta hasta cien en la escondida, se ríe sentada en un umbral del barrio).

Cuando todos estuvieron muertos yo fui a buscarles la piedra y el mar. Les encontré el viento, el sol desmigajando el estrecho de Messina. Crucé a mi lengua atávica y la hablé con la sangre. ¿Y si no me mirás más, qué haré con mi mirada? ¿Me arrancaré los ojos? ¿Los tiraré a las olas de Santa Teresa di Riva? ¿Se despeñarán en las montañas de Borrello? De mi padre solo escuché el aire de su fantasma niño, el crepitar de sus pasitos en la piedra.

Desanduve el camino que jamás hiciste y me paré de cara al agua. *Mamma*, te pedí. Dame tu mirada. Yo, atea, te encendí en cada iglesia, te dejé palpitando a los pies de tu Cristo. Yo pedía por tus ojos. Me los puse para ver *Via Sparagoná 3*, el olor cítrico del origen, la foto de tu hermanito muerto, las ventanas tapiadas a donde no dan tus ojos. Fui la *massunara* de la *nona* caminando con tu fantasma por la arena. *Contame cómo es esto, Lilita.*

De este lado del mar te siguió mi mirada: allí donde te hiciste origen. Villa Pueyrredón, el árbol donde duermen tus cenizas. Me saco los ojos por un rato y me pongo los tuyos para asomarme a la que fuiste.

Tu moño blanco en el pelo negro, tejida como enredadera a la pared. Tu casa natal persiste en la memoria de los muertos. Ellos no descansan. Yo tampoco.

Veo el paño de tu primera sangre. La cinta de colores en una guitarra de patio. El valsecito que vos ya no recordabas (*ay, Lidia, la vida se nos va*). Una niña virgen pariendo una noche de invierno, el piletón y el patio grande con las plantas. Tus ojos en mis órbitas ven la albahaca en los balcones, el taconeo tanguero en la vereda. Los hijos escupidos. La desdicha de los años. Todo lo que después supiste y tu memoria sola.

Yo tengo clavados los ojos tuyos (más allá, mucho más allá de la carne). Esos ojos de Libertad Lamarque con los que veías el mundo, y mi mirada sangra.

Nunca voy a cerrar tus ojos, pajarito, alma mía en vuelo, van a quedar siempre así de grandes, así de abiertos, detrás de mi mirada.

Lasciami stare, Lilita.

Lascia stare, mamá.

APÉNDICE

Situarse mirando de reojo hacia el pasado. Es necesario percibirlo como un leve trazo, como un eco, polvo sobre un mueble que nadie usa. Es necesario ver el fogonazo del recuerdo, su resplandor certero, su penumbra. Voces de chicos jugando en la vereda, una risa en un patio de baldosas ajadas, la voz de una madre que llama a tomar la leche, el parquet del piso, brilloso después del encerado de los sábados. Alguien va a cantar bajito, y no se sabrá de qué lado de la muerte llega el canto.

Con pulso muy firme y con mucha delicadeza, como si todo el universo fuera un winco, colocar la púa sobre el surco de vinilo.

Proceder con extrema cautela: si se miran de frente los ojos del pa-sado, el dolor puede deslumbrarnos hasta dejarnos ciegos.

En esta tarde gris (tango, 1941. Mores - Contursi)

¡Qué ganas de llorar en esta tarde gris!
En su repiquetear la lluvia habla de ti...
¡Y hoy es tu voz que sangra en mí,
en esta tarde gris!

Ninguna (tango, 1942. Fernández Siro - Manzi)

Es tan triste vivir entre recuerdos...
Cansa tanto escuchar ese rumor
de la lluvia sutil que llora el tiempo
sobre aquello que quiso el corazón.

Delirio (tango, 1950. Francini - Pontier)
Fueron tres años (tango, 1956. Juan Pablo Marín)

¡Hablame, rompé el silencio!
¿No ves que me estoy muriendo?
Y quítame este tormento,
porque tu silencio ya me dice adiós.

Desde el alma (vals, 1947. Melo - Manzi)

Alma, si tanto te han herido,
¿por qué te niegas al olvido?
¿Por qué prefieres
llorar lo que has perdido,
buscar lo que has querido,
llamar lo que murió?

Fuiste mía un verano (1968. Leonardo Favio)

Fuiste mía un verano
Solamente un verano
Yo no olvido la playa,
Ni aquel pájaro herido
Que entibiaste en tus manos
Ni tu voz ni tus pasos
Se alejarán de mí

Ni el clavel ni la rosa (1968. Leonardo Favio)

Y le canté al milagro de saber que me quieres
y le grité a la gente que el sol se te parece

y que nada me importa, ni el clavel ni la rosa
y que la primavera pasa sin que la vea
Sus ojos se cerraron (tango, 1935, Gardel - Lepera)

..se apagaron los ecos
de su reír sonoro
y es cruel este silencio
que me hace tanto mal.

Madreselva (tango, 1931. Contursi, Amadori)

Madreselvas en flor que me vieron nacer
Y en la vieja pared sorprendieron mi amor
Tu humilde caricia es como el cariño
Primero y querido que siento por él.

Rosas de Otoño (vals, 1923. Barbier - Rial)

Tú eres constancia, yo soy paciencia;
tú eres ternura, yo soy piedad
Tú representas la independencia,
yo simbolizo la libertad.

A unos ojos (vals peruano, Videla Flores - Montbrún Ocampo)

Tus ojos, que contemplo con delicia
Tienen el mismo brillo de la aurora,
Tienen la suavidad de la caricia
Y la dulce mirada que enamora…

Besos brujos (tango, 1937, Malerba - Sciammarella)

Besos brujos, besos brujos
que son una cadena
de desdicha y de dolor.
Besos brujos...
¡Ah, si pudiera arrancarme
de los labios esta maldición!

Mamma (1940. Cherubini - Bixio)

Mamma, solo per te la miacanzonevola,
mamma, sarai con me, tu non saraipiù sola!
...la canzonemiapiù bella sei tu!
Sei tu la vita
e per la vita non ti lasciomaipiù!

Rubí (tango, 1944. Cobián - Cadícamo)

Rubí... acuérdate de mí.
No imploro tu perdón,
mas de tu corazón no me arrojes
Rubí... ¿Adónde irás sin mí?
¡Cuando no estés conmigo,
quién podrá quererte así!

Tu pálida voz (tango, 1943. Charlo - Manzi)

Mi corazón, lloró de amor
y en el silencio resonó tu voz,
tu voz querida, lejana y perdida,
tu voz que era mía... tu pálida voz...

Amarras (tango, 1944. Marchisio - Santiago)

Vago como sombra atormentada
bajo el gris de la recova,
me contemplo y no soy nada...

Tal vez será su voz (1943. Demare - Manzi)

¡Tal vez será su voz, tal vez!
Su voz no puede ser,
su voz ya se apagó,
¡tendrá que ser nomás
mi propio corazón!

Verdemar (1943. Contursi - Di Sarli)

Verdemar... Verdemar...
Se llenaron de silencio tus pupilas.
Te perdí, Verdemar.
Tus manos amarillas, tus labios sin color
y el frío de la noche sobre tu corazón.

Soledad (1934. Gardel y Lepera)

Pero no hay nadie y ella no viene,
es un fantasma que crea mi ilusión.
Y que al desvanecerse va dejando su visión,
cenizas en mi corazón.

Harlem español (1960. Enrique Guzmán)

Color de púrpura que tiembla al besar
Con esta pasión
Mi vida....

La lontananza (1970. Bonaccorti - Modugno)

La lontananza sai e come ilvento,
che fa dimenticarechi non s'ama
e giapassato un anno ed e un incendio
che, mi brucia l'anima...

Naranjo en flor (1944. Virgilio y Homero Espósito)

Toda mi vida es el ayer
que me detiene en el pasado,
eterna y vieja juventud
que me ha dejado acobardado
como un pájaro sin luz.

Linda (tango, 1956. Mores - Martínez y Pierre Cour)

En qué puerto del destino
la pena de mi pena morirá,
y en qué labios se deshace
la rosa del amor que me hizo mal...

Cosas olvidadas (tango, 1940. Rodio - Contursi)

Son cosas olvidadas,
que vuelven desteñidas
y, en la soledad de nuestras vidas,
abren heridas al corazón...

Charlemos (tango, 1940. Luis Rubinstein)

La vida es breve...
Soñemos en la gris
Tarde que llueve....

Volvió una noche (tango, 1935. Gardel - Lepera)

Mentira mentira
Yo quise decirle
Las horas que pasan ya no vuelven más....

Por la vuelta (tango, 1937. Cadícamo - José Tinelli)

...quedate siempre, me dijiste...
Afuera es noche y llueve tanto,
... y comenzaste a sollozar...

Canzoneta (tango, 1951. Erma Suárez - Enrique Lary)

Canzoneta gris de ausencia
Cruel malón de penas viejas
Escondidas en las sombras del licor....

Epílogo

Liria lee. Lee en el escritorio de su casa, lee con la espalda recta. Yo la escucho, en una antigua ceremonia de los cuerpos: la voz, la escucha. Ella lee con la espalda recta porque los duelos, tal vez, transfiguran los cuerpos de los deudos. La deuda del duelo se inscribe de algún modo en el cuerpo. En el caso de Liria, ese tributo parece haberse condensado en la espalda. La línea de su figura sentada se recorta a trasluz frente a la ventana que da a la calle Ensenada, en Floresta. El rito en el que alguien lee y otro escucha se cumple, austero, preciso, en el perímetro sombreado de un murmullo. ¿Qué, sino un susurro, queda, para el lenguaje, después de un duelo? Ella paga con el murmullo, yo escucho la paga.

Me leyó, tantas veces, en el pasado. A Sarmiento, en las aulas del despertar democrático de Letras, cuando era mi docente. Su voz, en ese entonces, formaba una constelación cercana con aquellas que traían una maquinaria de lectura y de crítica recobrada, estrenada, en la lenta fiesta de esos años. Es lenta ahora, bajo la perspectiva puntual del presente, porque se lentifica en la idealización casi inevitable, y así la voz lejana de Liria en las aulas de Puán de fines de los años ochenta configura un mapa que se traza y se ramifica hasta su PH de la calle Gascón, donde encontré, en el desván, una de las primeras bibliotecas que me hicieron subir a los saltos, por la tremenda avidez, una escalera angosta, y luego se vuelve territorial, el mapa, porque Liria se va a Estados Unidos, la voz se apaga en la distancia, hasta que regresa, años más tarde, cuando nos reencontramos en una universidad en la que ambas trabajamos, y otra vez, ella lee, recobrada para mí, en otra vuelta de la espiral: lee en las clases, lee por teléfono, lee en su casa, en bares, en las presentaciones de mis libros. Lee, es un lince que lee. Era un lince joven que leía en la cátedra de David Viñas para sus alumnos de práctico, entre los que me contaba: en los orígenes se fijan los vínculos, el mío con ella es asimétrico, y así debe ser porque nació en mi escucha admirada, y nació en una época en la que absorbíamos de ese modo a nuestros maestros.

Su voz me envuelve, desde siempre. Pero su voz, ahora, mientras avanza, es un susurro. No inclina una sola vez su espalda. Le saco una foto, busco un testimonio de la huella en ese cuerpo que acaba de atravesar un duelo. En la foto, la luz es otra, como si, por fin, la luz intensa de aquellos años en los que era mi profesora lograra atravesar las capas del tiempo hasta posarse, en la captura, antigua y suave, sobre nosotras.

La transformación del material autobiográfico conlleva un distanciamiento preciso. Y la escritura literaria, entiendo, debe llevar, en este caso, como marca en el orillo, alguna clase de *certificación* de ese distanciamiento. Creo que esto fue lo primero que pensé esa tarde, cuando Liria me leyó "Sangra en mí". Tal vez, por eso, para eso, la foto que le saqué: una certificación. Y la luz, que acompaña el murmullo. La novela empieza como murmullo riguroso. Y la espalda, rectilínea en la cicatriz. Me la leyó completa, con una pausa, en la que salí a fumar al patio, nos sentamos, tomamos un mate. Salvo esa interrupción, su voz avanzó. No digo "fluyó", o cualquier otro verbo de sentido similar: esos verbos también metafóricos que usamos para ilustrar el desarrollo de lo narrativo y que imponen una selección argumental determinada. Brotar, emanar, discurrir, filtrarse, rezumar. Su voz avanzó, primero, como un susurro quedo, inaugural, a la medida de un duelo reciente. Avanzó, porque a los sobrevivientes de un duelo de magnitud —¿y qué es la escritura literaria sino un gesto de supervivencia de *toda* pérdida?— solo les queda detenerse o avanzar. "¿De qué quieren que me cure? ¿Para encontrar qué estado, qué vida?", se pregunta Barthes en "Diario de un duelo". Lo fragmentario de ese texto aparece como continuum en "Sangra en mí". Un continuo fragmentado, escanciado, sí, pero cuyas dimensiones plenas tienen un espesor que no se pauta en fechas sino en títulos que portan letras de tangos. Es una mujer la que escribió, para después leer. ¿Escribió en la frontera de la escritura y de la oralidad? ¿Liria escribió dentro del habla, esa prima chiflada de la lengua, como dice Diana Bellesi, porque el deslizamiento de la sintaxis de ese lenguaje materno, el de la Madre, solo puede anclar en lo oral, en lo que será leído en voz alta, en lo que será escuchado en una intimidad primigenia, desnuda? Liria lee, avanza. Va hacia el interior de los cuerpos, el de ella, el de su madre. El susurro de ese amantazgo de las palabras crece en potencia. Se suelta de los velos de la nostalgia, de la evocación, de la tristeza, de la melancolía, frente a frente, sin mohines, sin aspavientos, en un movimiento público dentro la lógica del texto, para que lo *escuchemos*. La luz ya no es real, no es posible capturarla, solo existe en esa foto, la de Liria leyendo en el escritorio de su casa, en la representación certificada. Elena, entonces. Elena que crece. La hija que la maternó hasta el final, en el revés biográfico de la trama, y que ahora la lee, porque la escribió. Pero la voz conoce el taco del stiletto joven y bello de la madre sobre la frente. Esa madre nos es regalada, sobre esa madre se avanza, la voz de la hija la recorre con intensidad, físicamente. Y el esfuerzo por narrarlo así, después del duelo, ha dejado su espalda recta como un junco. En este sentido, aunque la novela grite, siempre será susurro. Yo la sigo, sentada, temblorosa, embriagada de una inflamación a la que cedo, porque es Liria, porque soy yo, porque esa voz me envuelve desde siempre. Es simple, es una tarde en Floresta, en la calle Ensenada. Es simple, es una tarde en Caballito, en la calle Puán. La voz me deslumbra. Y el personaje de Elena me lleva consigo. La conocí ya de grande, con los velos, precisamente, de la vejez. La referencia se diluye. Entonces, esa mujer bella y terriblemente —el adverbio marca la posición en este caso, además de la valoración— amorosa que es narrada, porque necesita ser *escuchada*, alcanza un meollo que está tan lejos de lo sarmientino como la brillantina y el revés seco de esa brillantina lo está de la revolución industrial en Estados Unidos. ¿El meollo es mi propia voz materna? Todos los que lean esta novela se lo preguntarán. ¿El meollo es el deseo de una madre como Elena? ¿De ese amor? ¿O de una voz así, como de la Liria? ¿O como la del narrador? ¿Importa? "¿Para encontrar qué estado, qué vida?", se pregunta Barthes. Y Sharon Olds, también:

¿Y qué, si Dios hubiese estado mirando cuando mi madre
se metió en mi cama? ¿Qué hubiera hecho cuando su cuerpo
adulto y largo me rodó encima como una
lengua de lava desde la cumbre de una montaña
y las lágrimas saltaron de sus conductos como piedras calientes
y mi cama se sacudió con los temblores del magma
y de la fractura profunda de mi naturaleza?

Tal vez, entonces, la pregunta, la paga del deudo, el que adeuda, sea la pregunta por la vida, sin atenuantes. El hecho exagerado de formularla, al nivel exagerado, siempre, del duelo.

El subrayado de la bastardilla no repone el énfasis que le queremos dar a un texto. En este texto las usé, a conciencia, es decir, con esta idea: solo es imperfecto lo que puede decirse, y el realce de la tipografía lleva en sí mismo, como una caracola, la imposibilidad. Liria lee, avanza, termina de leer. ¿Qué, sino un susurro, queda, para el lenguaje, después de un duelo? Ella paga con el murmullo, yo escuché la paga. La abrazo, me voy de su casa. La veo, la seguiré viendo en los días siguientes. La *humanidad* de su espalda recta.

Gloria Peirano

Índice

Made in the USA
Middletown, DE
13 May 2019